기업의 존재 이유에서 시작하여 기업과 인간이라는 결말로 가는 이 책을 읽으며, 늘 대하던 기업과 그 속에서의 하루하루를 다시 한 번 돌아보는 계기가 되었다. 살아 있는 기업, 깨어 있는 자본주의는 역시 사람에 대한 시선에서 가능해진다는 생각이 그 어느 때보다 중요한 시대에 일독을 권하고 싶은 책이다.
박용만 _두산그룹 회장

오래전 한 젊은이 ⋯⋯⋯⋯⋯⋯⋯⋯⋯⋯⋯⋯⋯⋯⋯⋯ 적이 있는데, 이제 그가 값진 선물 ⋯⋯⋯⋯⋯⋯⋯⋯⋯⋯⋯⋯⋯ 의 지성과 인간미가 적절히 녹아 ⋯⋯⋯⋯⋯⋯⋯⋯⋯⋯⋯⋯ 사, 인생 역정의 구비구비마다 그가 보인 용기, 헌신과 노력에 박수를 보낸다. 이래서 청출어람이란 말이 있나 보다.
김병주 _서강대학교 명예교수

잦은 해외출장과 격무에도 이병남 사장은 틈만 나면 제주를 찾아 올레 길을 걷는다. 그가 유독 숲 구간을 좋아하는 이유를 이 책을 읽고서야 비로소 알게 되었다. 시장이라면 약육강식의 논리가 지배하는 정글쯤으로 이해하던 내게 이 책은 시장이 유연하고 지속가능한 생태를 지닌 숲이라는 걸 알게 해주었다. 이론과 현장을 겸비한 그의 첫 역작은 경영을 공부하는 이들에게는 깊이를, 일반인들에게는 시장에 대한 이해를 선사할 것이다.
서명숙 _제주올레 이사장

이 책에서는 인간에 대한 이해를 바탕으로 시장을 이해하려는 한 학자의 통찰이 돋보인다. 저자는 동서양의 철학과 문화, 과거와 현재의 경제와 사회를 넘나들면서, 자폐증에 걸린 경영을 비판하고 오늘의 시장에서 인간이라는 희망을 읽는다. 책장을 넘길 때마다 석학으로부터 한 수 가르침을 얻는다.
정재승 _KAIST 바이오및뇌공학과 교수

경영은 사람이다

경영은 사람이다

1판 1쇄 발행 2014. 12. 11.
1판 5쇄 발행 2022. 4. 10.

지은이 이병남

발행인 고세규
책임 편집 고세규
책임 디자인 조명이

발행처 김영사
등록 1979년 5월 17일 (제406-2003-036호)
주소 경기도 파주시 문발로 197(문발동) 우편번호 413-120
전화 마케팅부 031)955-3100, 편집부 031)955-3200
팩스 031)955-3111

값은 뒤표지에 있습니다.
ISBN 978-89-349-6955-6 03320

홈페이지 www.gimmyoung.com   블로그 blog.naver.com/gybook
인스타그램 instagram.com/gimmyoung 이메일 bestbook@gimmyoung.com

좋은 독자가 좋은 책을 만듭니다.
김영사는 독자 여러분의 의견에 항상 귀 기울이고 있습니다.

이 도서의 국립중앙도서관 출판시도서목록(CIP)은 서지정보유통지원시스템 홈페이지
(http://seoji.nl.go.kr)와 국가자료공동목록시스템(http://www.nl.go.kr/kolisnet)에서
이용하실 수 있습니다.(CIP제어번호 : CIP2014032782)

경영은

MARKETS AND MINDS

사람이다

이병남

김영사

사막을 건너는 낙타처럼 평생을 묵묵히
무겁고 고된 짐을 나르느라 야위셨던
나의 아버지께 이 책을 바칩니다.

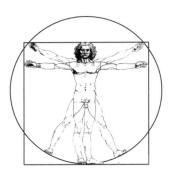

르네상스 시대, 그 후 이성주의 시대에는 정확한 계산과 기하학적 접근에 바탕한 기계론적 사유가 주요 자연법칙들의 규명에 결정적으로 기여했다.

새로운 르네상스 시대, 이제 각성의 시대에는 바로 그 기계론적 접근법의
결함을 해결하고 보완하는 유기론적 생태주의, 음과 양이 보완하며 통합되는
역설paradox의 이치로 세상과 시장, 기업과 인간을 다시 살펴야 한다.

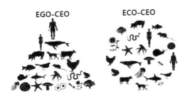

EGO-CEO　　ECO-CEO

일러두기 | 책 제목에서 '사람'이란 모든 존재의 위계에서 정상을 차지한다
는 맥락에서의 인간 중심주의를 뜻하는 것이 아니라, 세상을 꾸려가는 이
들 모두와 맺고 있는 다양한 관계성을 중시하는 각성한 인간을 의미한다.

들어가며

 이 책에서 필자는 기업의 경영인으로서 사업현장에서 깨우친 현대 경영에 대한 이해와 생각을 나름의 성찰 방식으로 서술하며, 무엇보다 '시장'과 '기업', 그리고 '인간'이라는 세 영역에 대한 새로운 관점과 해법을 제안하였다. 특히 생태계의 위기를 맞은 인류 문명이라는 맥락에서 지속가능한 미래를 마련하기 위해 우리들에게 주어진 시대적 소명을 이해하고 겸허하게 다음을 준비할 수 있는 사유의 씨앗들을 추려보았다. 대한민국 현대사를 대변하는 베이비부머의 일원으로, 한반도의 문화사 중에 특히 '경제'와 관련되는 면면을 찾아 한국인의 정체성을 이해하는 시도와 함께, 대한민국이 이뤄낸 경제적인 성과의 밝은 면과 어두운 면의 뿌리 및 그 역설적 관계들을 탐색하였다. 특히 지구촌을 위협하는 작금의 세계경제 현실과 관련해 양극화의 갈등, 그 중심에 있는 한국은 동아시아의 지혜와 첨단의 테크놀로지를 기반으로 또 특유의 열정을 발휘하며 마땅한 해법을 찾아낼 수 있으리라고 기대하면서 당장 현실적인 해결의 실마리가 잡히지 않는다 하더라도 그럴수록 더욱 더 우리 스스로의 문제를 밝히고 가능한 해법을 찾아보아야겠다는 생각에서 출발하였다.

십여 년 전 외국의 신문 기사에서 한국인들은 몹시 다혈질이고 열정적인 '아시아의 라티노Asian Latinos'이며 한국은 도저히 '예측할 수 없는 나라'라는 어느 독일 경제학자의 진단을 읽은 적이 있다. 축구를 예로 들며 내내 죽을 쑤던 팀이 갑자기 승승장구하던 월드컵에 대해 이야기한 후, 잘나가는 줄만 알았던 경제가 갑작스레 곤두박질을 치며 IMF의 구제 금융을 받아야 하는 신세로 전락하지만 금세 또 여기서 벗어나는 예상 밖의 실력을 발휘하는 종잡을 수 없는 나라라는 총평이 이어졌다. 그러고 보면 한국인들은 고구려와 신라와 백제, 고려와 조선이라는, 한결같이 500년이 넘게 지속되었던 왕조들을 거쳐 오늘날에 이르기까지 곧 파국을 맞을 듯 위태로운 국면에서도 반전에 반전을 거듭하며 위기를 돌파하는 탄력을 보이곤 했다. 오늘날은 지구촌에서 더 중요한 노릇을 맡고 있으니, 단기간에 비약적인 발전을 한 경제적 위상뿐 아니라 '고요한 아침의 나라'로 불리던 면모를 일신해 '한류'라는 대중문화를 퍼뜨리는 변화의 중심이 되었다. 근대 이후 제국주의 광풍에 식민지가 되어 모든 걸 잃는 경험을 한 나라들에게는 더 각별한 희망의 사례로서 열강들의 싸움터로 국토가 분단된 상황에서도 기적이라 불리는 경제성장을 이루었다는 점에서 많은 나라가 부러워하며 그 비결을 배우고 싶어 한다고 알고 있다.

한국이든 다른 지역이든 그곳의 경제를 이해하고 경영의 성공 비결을 배우려면 먼저 특징적인 조건을 알아야 할 것이다. 이를테면 한국경제가 식민지 수탈과 전쟁을 겪은 이후 잿더미에서 모두 새로 갖춰야 했던 산업화의 초기 여건은 정보화의 첨단시대를 개척하는 21세기 여건과 판이하다. 혼란스러운 상황들이 드러나는데, 이는 생산품목과 유통양식의 변화나 자본과 산업규모를 확장하는 차원이라기보다, 이를 구상하고 제작하고 소비하는 사람들의 생활과 소통방식, 무엇보다 감수성과 사유방식이 달라졌다는 점에서 이전 경제학이나 경영학과는 다른 관점, 새로운 사유의 패러다임이 요구되는 것이다.

이런 내용을 정리하는 과정에서 시장의 역설, 기업이윤의 역설, 인간존재의 역설 등을 마주하며 예상 밖의 고민도 시작되었다. 역설逆說의 서양 말은 파라독스paradox로, 원래는 그리스어에서 '병행並行'이란 뜻의 파라para와 '믿음'이란 뜻의 독사doxa에서 유래한다. 양자택일에 해당하는 '모순矛盾, contradiction'과는 달리 섞일 수 없이 팽팽하게 대립하는 두 개의 믿음이 함께 간다는 말이다. 이러한 역설의 상황은 음陰이 양陽을 품고 양陽이 음陰을 품고 있는 동양 전통의 태극 문양만큼 명확하게 표현하고 있는 것도 없다. 그런데 우리 현실에서 해결해야 할 온갖 문제의 양상은 대개 이처럼 역설적이다.

아무리 명석한 사람도, 이미 갖고 있는 정답을 포기하지 않으면 새로운 지혜를 얻는 길은 그만큼 멀어진다. 지식과 지혜의 길은 조금 달라서 때로는 지식을 내려놓아야 비로소 문제의 본질이 드러나기 시작한다. 역설을 수용하면 곧 지혜를 얻지만, 세상사를 모순관계로만 볼 때는 그 해결과정에서는 반드시 둘 중 하나를 버리게 된다. 하지만 절대로 버릴 수 없는 것들이 있다. 땅과 하늘, 여성과 남성, 존재*Being*와 행위Doing, 창조론과 진화론은 종종 서로 대립하며 갈등하는 관계로 보이지만, 실은 둘 중의 어느 하나만으로는 결코 온전해질 수 없을 만큼 서로를 규정하며 동시에 보완하는 관계이다. 하나를 버리고 다른 하나를 취할 수 있는 게 아니므로, 한쪽의 문제를 풀기 위해서는 다른 한쪽을 품어 둘 사이의 대립을 넘어서야 하는 것이다. 그런 까닭에 이들은 패러독스, 역설의 관계이다. 그런데 이 둘을 함께 수용하려면 먼저 기존의 안목에서 벗어나야 하는데, 관점이나 신념을 바꾸는 것은 쉬운 일이 아니다.

죽음을 피해야만 하는 극단적 상황, 다른 도리가 없어 나를 바꿀 수밖에 없는 절박한 상황이 아니라면 그건 대개 바꿀 수 없다. 이처럼 혁신하지 않으면 곧 망하는 상황을 경영학에서는 '불타는 시추선Burning Platform'이라 하고, 이토록 절박하게 각성을 요구할 때 불교 전통에서는 '불난 집 안에 앉아 있는 인간(三界火宅)'이라며 어서 뛰쳐나오라고 촉구한다. 오늘날 세계경제의 현실이 꼭 그렇다. 더 이상 비킬 곳이 없을 만큼 상황이 좋지 않지만, 역설적으로 이는 축복이 될 수 있다. 죽음을 각오하고 뛰쳐나오기만 하면 기대 이상의 성장을 맛볼 수 있기 때문이다. 그렇게 내 경계가 커질 때 비로소 나를 가두었던 협소한 감옥과 발목을 묶고 있던 족쇄가 풀려 스스로 소멸한다는 사실까지도 깨닫게 되는 것이다. 범부는 국량局量이 작아 주변경계가 온통 괴롭히나 보살은 국량이 커서 외부의 경계가 힘을 쓸 수 없다고 하는 것과 마찬가지이다.

이 책은 시장과 기업 그리고 이를 지탱하는 인간에 대해서, 그런 난감한 상황을 있는 그대로 수용하고 풀어가는 이른바 역설적 변용의 해법을 모색한 보고서이기도 하다. 이 책의 제목이 가리키듯 무엇보다 인간에 대한 이해가 선행되어야 하는데, 이에 따라서 기업과 시장에 대한 이해도 달라지기 때문이다. 이전의 방식으로는 이 시대의 인간을 이해할 수 없다는 뜻이다. 인간은 모든 문제의 근원이지만 이를 풀어낼 해법 역시 '인간'에게서 비롯하므로 경영 또한 아둔하고 미련한 단계에서 벗어난 인간, 지혜롭고 성숙한 인간에게서 그 최종적 답이 나온다. 한편 '인간'은 사람과 사람이 맺게 되는 관계를 통해 늘 변하는 존재라는 사실에 설레지 않을 수 없다. 신체적 변화 외에 우리의 정서는 물론 정신도 언제나 다른 상태로 변모할 수 있다는 점은 두렵고 위험할 수도 있으나, 역설적이게도 실은 그게 희망이다. 전에는 무조건 '하면 된다'는 단순논리로 인간 내면에는 관심을 기울이지 않았으나 이제는 우리 스스로를 위해 인간에 대한 다면적이고 심층적인 접근이 필요한 시대가 되었다. 다행스럽게도 이제는 전보다 훨씬 분석적인 동시에 통합적인 다양한 방법들이 개발된 덕에, 마음먹고 노력만 하면 누구나 인간에 대한 이해, 나 자신의 탐구를 위한 요령도 익힐 수 있게 되었다.

기업과 시장의 경우도 마찬가지이다. 산업화 과정의 기업과 시장을 이해하는 바로는 오늘날의 기업과 시장을 제대로 파악할 수 없을 뿐 아니라, 왜곡되고 경직된 시선 탓에 오히려 사태를 악화시키기 십상이다. 숱한 갈등과 오해를 통해 이를 해소하려는 많은 통찰과 시행착오가 축적되면서 감당할 해법 또한 상당 수준으로 개발되었다. 획기적 비법이 아니라 그저 합리적이고 상식적인 차원에서 인간과 기업과 시장에 대해 훨씬 세련된 이해가 가능해졌다. 시간과 마음을 내면 누구나 공감하고 이해할 수 있는 길들이 열리고 있다.

그런 맥락에서 필자는 시장과 기업, 인간의 존재양식을 이 시대가 요구하는 생태론적인 사유방식으로 파악하여, 기업을 시장생태계에서 생존하고 번성하려는 생명체로 설정했다. 그에 따라 기업이 고객과 종업원, 협력업체와 투자자 등 모든 이해당사자들과의 관계성, 특히 공생과 지속가능성이라는 가치를 공유하며 상호 협력을 통해 함께 성장하고 성숙해지고자 노력하는 공동체로 변모할 수 있는 길을 탐색했다. 한편 인간에 관해서는 노동하는 인간Homo faber의 면모에 집중하여 '기능적 불평등성'과 '존재론적 평등성'의 원리를 역설적 관점에서 상호 통합하는 방법을 모색해보았다. 이제 각성의 시대, 축제의 시장, 세상을 살리는 기업, 존엄한 존재로서 노동하는 인간을 향한 이 순례의 여정에 더 많은 이들이 함께하기를 기대한다.

2014년 12월
우남재友南齋에서
이병남

CONTENTS

3
인간

MARKETS AND MINDS

1

시장

지혜로운 공감자들이 창조하는
축제의 장

인간과 기업과 시장에 대한 온전한 이해, 유기론적 생태주의라는 시대가 요구하는 관점이 널리 확산되는 게 시급하다. 이 관점을 통해 기계론적 이성주의 탓에 빚어지는 가장 큰 폐해 중 하나인 무한경쟁과 이에 시달리는 현대인들이 겪는 존재의 불안이 심층적 차원에서 해소될 수 있을 것이다. 시장이 본디 무한경쟁의 싸움터, 도둑 떼의 약탈이 자행되는 전쟁터일 필요가 없다는, 대신 공감능력이 살아 있는 사회적 존재들이 벌이는 축제의 장이었다는 점만 온전히 깨달을 수 있어도, 우리는 역설적 변용을 통해 시대의 전환점을 만들어내고 엄혹한 지금의 현실을 축복으로 바꿀 수 있을 것이다.

시장의 오랜 전통

민주주의가 탄생한 고대 그리스에서 사람들이 가장 북적대던 공간은 아마 아고라였을 것이다. 여기에서 직접민주주의, 즉 민회가 열리고 재판이며 상업 활동도 이루어졌다는데, 이와 유사한 곳이 우리 전통에도 있었다. 《삼국유사》에 따르면 바람과 비와 구름을 거느리고 환웅이 하늘에서 땅으로 내려와 세상을 열었으니 그곳이 바로 시장이다. 고조선에서는 이를 신시神市라고 불렀다 한다. '재세이화 홍익인간在世理化 弘益人間', 즉 '세상에 나아가 사람을 널리 이롭게 하라'는 뜻을 준 하늘님과 바로 통하며 감사와 경배의 제사를 올리는 거룩하고 경건한 자리가 시끌벅적한 시장이었다니! 이 역설적인 상황에 눈이 번쩍 뜨여 이 구절을 몇 번이고 다시 읽었던 기억이 난다.

1980년 한국을 떠나 15년 만에 귀국하니 낯선 상황도 많고 낯선 이야기도 제법 들렸다. 그중에서 "우리나라는 사람들의 평등 의식이 지나쳐 기업하기가 어렵다. 공산주의 국가인 중국이 우리보다 훨씬 자본주의적이고 시장 친화적이다"라는 말이 특히 의아했다. 한국인은 유난히 기업가 정신이 활발해 시골이고 도시고 할 것 없이 기발한 사업들이 줄을 잇는다. 사람이 모이는 곳이면 금세 가게들이 생기고, 형편이 여의치 않으면 좌판이라도 펼치는 나라가 한국이다. 하다못해 소쿠리에 나물 몇 줌 담아 나온 할머니들이 요긴한 쓰임새를 설명하면 금세 사람들이 몰려들게 마련인데, 전혀 상반된 이야기가 회자되니 아무리 생각해도 정말 이상했다. 몇 년을 지켜보고 고찰한 결과, 우리나라 사람에게 반기업적이고 반시장적인 면이 있다면 그건 정치적으로 많이 불행했던 시절 국가와 사회, 정치에 대한 불신 탓이지, 우리나라 사람들이 원래 반시장적인 것은 아니라는 심증만 더욱 커졌다. 그런데 이 오래된 역사책으로 나의 믿음을 검증받은 셈이었으니 그렇게 반갑고 고마울 수가 없었다.

더 객관적으로 우리나라 기업 환경을 살펴볼 수 있는 최근 자료가 있다. 워싱턴에 소재한 세계은행이 발표한 2014년 6월을 기준으로 하는 '2015년 기업환경평가', 사업하기 좋은 나라 목록에서 한국은 189개 국가 중 싱가포르, 뉴질랜드, 홍콩, 덴마크에 이어 5위에 랭크되었다. 노르웨이가 6위, 미국은 7위, 영국이 8위, 그리고 중국은 90위에 머물렀다.[1] 실은 2011년 이후로 10위 아래로 내

---

1 http://www.doingbusiness.org/rankings

려간 적이 없다. 내용 면에서 보더라도, 창업 및 건축 인허가, 전기 공급, 소액투자자 보호, 퇴출, 세금납부, 통관행정 등 모두에서 아주 높은 평가를 받음으로써, 우리나라가 다른 나라에 비해서 사업하기 어렵다는 불만은 객관적인 근거를 찾기 어렵다.

시장에 대한 부정적인 인식이 있다면, 그건 아마도 삶의 모든 영역을 돈으로 바꿔서 셈하는 '시장주의'나 '상업주의'에 대한 반감일 뿐, '곳간에서 인심 난다'는 말도 있듯이 필요한 물건을 바꿔 쓰고 정신적으로나 물질적으로나 사람들의 생활이 윤택해질 기회를 여는 일은 그 자체로 고맙고 좋은 것이다. 삶의 모든 영역을 시장원리만으로 설명할 수 없고, 특히 교육과 복지 등의 영역은 시장원리의 지배를 받도록 그냥 내버려둘 수도 없는 것이기에 '시장주의'는 경계해야 할 대상임에 틀림이 없다. 그런 까닭에 시장의 본래 면모를 살피는 일은 더욱 중요하다. 이런 중요성을 이 땅에 살았던 조상들도 수천 년 동안 간파하고 있었기에 우리 역사의 굽이마다 시장은 늘 그 중심에 있었다. 아니 그건 사람 사는 곳이라면 대부분 그럴 수밖에 없는 보편적인 현상이기에, 바로 고조선의 그 거룩하고 신령스러운 자리 신시神市도 그러했을 것이다. 많은 이가 모여서 어울리며 서로 필요한 물건과 소식을 나누다 보니, 엄숙하거나 고요하기보다 뭔가 설레고 삶이 풍성해지는 곳, 갖은 재주꾼이 모여 가무백희歌舞百戲의 놀이판이 벌어지고 한쪽에서는 먹고 마시는 흥겹고 즐거운 저잣거리였다는 뜻이다. 내 어린 시절에도 시장은 왁자지껄하고 온갖 재미가 넘쳐났다. 초등학교 입학 전이었는데, 당시 2군 사령부에 근무하시던 아버지를 따라 대구 신암동에 살았고, 할머니랑 한참을 걸어 신천을 넘어가는 다리 건너편 칠성시장에 갔던 기억이 고물고물 떠오른다. 시장에 갈 때마다 할머니가 사주는 콩고물 묻힌 인절미를 얻어먹는 재미가 참 쏠쏠했다. 요즘도 전통시장에 가면 구수한 입담에 덤을 얹어주는 인심이 남아 있고 시골 오일장에는 아직도 각설이의 노래판이 벌어져 여행객의 발길을 붙들곤 한다. 한편, 한반도에서 가장 오래된 나라인 고조선의 '8조 금법'에는 "남에게 상해를 입힌 자는 곡물로 배상한다"는 조항과 함께 남의 물건을 훔친 자는 속죄의 값으로 '50만 전'을 내놓아야 한다는 기록이 남아 있어 당시에도 이미 상당한 수준의 실물경제와 화폐경제가 있었음을 알게 한다.

고대 그리스 아테네에서 서양철학의 아버지라고 하는 플라톤의 아카데미가 서양학문의 기초를 닦던 2,500년 전, 고조선과 이웃했던 산동반도 제齊나라에서는 맹자와 순자가 교장을 지낸 동아시아 지성의 요람 직하학궁[2]이 번창했으며, 또 그 당시 자모전, 명도전 같은 작은 칼 모양의 금속 화폐를 줄로 꿰어 사용하며 이들 나라는 무역을 벌였다고 한다.[3] 고조선 이후에도 시장은 늘 번성했으니, 《삼국사기》에는 금팔찌를 팔아서 처음으로 살림살이를 장만하는 평강공주가 온달에게 "시장에 가서 병들거나 수척해서 내다 파는 말을 사 오시라"고 말한 기록이 나온다. 평강공주는 거지 출신 남편 온달을 고구려 장군으로 만들었을 뿐 아니라 헐값으로 구입한 병약한 말을 잘 먹이고 키워 준마로 변모시키는 솜씨를 드러내 보였던 셈이다. 요즘으로 치면 예산이 빠듯하니까 중고자동차 시장에 가서 가격은 헐해도 잘 고쳐 쓸 수 있는 괜찮은 차를 골라 오란 뜻이었으니, 평양 인근의 들판을 달리던 말들이 늘어선 고구려 시장의 모습을 떠올릴 수 있다. 뿐만 아니라《고려사》에 기록된 백제 가요 〈정읍사〉에는 행상 나가 돌아오지 않는 남편을 기다리는 여인이 "어긔야 어강됴리 아으 다롱디리" 하는 후렴을 매기며 "저잣거리를 헤매고 계신가요?"라는 애달픈 노래로 백제 왕국 시장의 분위기를 전한다.《삼국유사》에는 백제 무왕이 어린 시절에 "마를 캐다 팔며 생계를 꾸려 서동(薯童, 즉 알뿌리 소년)이라 불렸다"는 기록도 있어, 신라 출신 선화공주와 함께 들르곤 했을 백제의 푸성귀 시장 풍경까지 엿보게 한다. 신라 관련 내용은 당나라 쪽 기록에서도 확인되는데 "시장에서는 언제나 부녀자들이 물건을 사고판다"는 내용으로 미루어보건대, 천여 년 전 신라 여성들이

---

2 바이시(白奚) 저, 이임찬 역,《직하학 연구: 중국 고대의 사상적 자유와 백가쟁명》, 소나무, 2013. 춘추 오패이자, 전국 칠웅 중 하나였던 산동반도의 제나라 수도 린쯔(臨淄) 도성의 서대문, 즉 직문(稷門) 바깥에 국적과 출신을 불문하고 능력 있는 선비들이 모여 학문하고 입신출세 준비를 하는 직하학궁(稷下學宮, Jixia Academy)이 B.C. 374년부터 150년이 넘게 유지되었다. 여기서는 자유롭게 정치를 논하고 선비 스스로 국가의 안위에 대한 책임을 느끼며 정부와 군주에 대한 비판도 서슴지 않았다. 이는 동아시아 지혜의 보고로 백가쟁명의 시대를 열었으니, 유가와 도가, 법가와 묵가 등 동아시아 사상의 주요 기반이 마련되었다. 진시황의 천하통일로 직하학궁은 명(命)을 다하지만, 진(秦) 제국의 사상적 배경인 법가 사상의 토대를 구축했던 한비자(韓非子)와 진시황의 교활한 참모로 한비자를 없앤 이사(李斯)도 바로 여기서 동문수학했고, 음양오행설을 정립한 추연(鄒衍) 또한 이곳 출신이었다.
3 박선미,《고조선과 동북아의 고대 화폐》, 학연문화사, 2009.

사업을 주도했던 도읍지 서라벌의 분위기를 엿볼 수 있다. 이러한 여러 가지 기록들을 통해 고려 시대까지만 해도 여성의 사회 활동을 엄격하게 금했던 조선 시대의 한양과는 많이 달랐다는 사실도 확인할 수 있다.[4]

이렇듯 대략만 훑어보아도 우리 역사에서 시장은 언제나 개인뿐만 아니라 나라의 살림 기반으로 작동했다는 사실을 가늠할 수 있다.

시장의 사람들

아프리카 북서 끝 모로코의 고도 마라케시 중앙광장 제마 엘프나 Jemaa el-Fna Square는 유네스코 인류문화유산에 지정된 명소이다. 여기 시장은 중세로 시간 여행을 온 듯한 착각이 들게 한다. 여기저기서 노인들의 입담이 펼쳐지는데, 이야기는 대개 아라비안나이트의 일부라 한다. 그 동네 말은 알아듣지 못해도 이야기꾼들의 비장한 표정이며 손짓과 몸짓이 표현되고 때로 노래를 읊조리고 고함도 지르는데, 청중의 반응만으로도 얼마나 극적인 순간인지 전해져서 함께 마음을 졸이게 된다.

일몰이 시작되면 피리로 뱀을 부리는 사람, 불을 삼키는 곡예사, 각종 악기 소리와 상인들의 외침, 뽀얀 연기가 이는 양고기 꼬치 등 즐비한 포장마차들이 문을 연다. 음식 냄새가 가득 번지면

---

4 박은숙, 《시장의 역사》에서 재인용, 역사비평사, 2008.

우리 동대문시장 같은 그곳에 모로코인의 활기가 넘치기 시작한다. 그런데 광장의 이름 제마 엘프나는 '죽은 자들의 집합소'라는 살벌한 의미를 담고 있다. 옛날엔 붉은 피가 낭자한 공개 처형장이었기 때문이다.

시장에서 처형된 죄인은 대개 권력자의 비위를 거스른 경우였다. 마녀의 화형식이 열린 곳도 장터였고, 고려 말 정몽주는 새 왕조의 도모를 반대하다 암살된 후 개성의 저잣거리에 효수되었다. 최초의 한글 소설 《홍길동전》의 저자 허균許筠, 1569~1618 역시 조선 최고의 문벌가 출신임에도 역적모의를 했다는 억울한 죄목으로 저잣거리에 목이 걸리는 비운을 겪었다. 이 같은 잔혹한 면모에 천착하다 보면, 시장은 수단과 방법을 가리지 않고 반드시 이겨야 하는 두려운 곳으로 인식될 수 있다.

동양뿐만 아니라 서양에서도 '인간 본성'에 대한 논란이 이어졌는데, 홉스Thomas Hobbes, 1588~1679는 《리바이어던Leviathan》에서 인간 본성이 워낙 그렇게 사악하고 이기적이라고 규정했다. 나라를 부강하게 하겠다고 더 많은 금과 은을 가지려 혈안이었던 시대, 정치적으로도 나라 안팎이 불안하고 경제적으로도 혼란이 극에 달했던 17세기 영국, 홉스는 서로 물어뜯고 빼앗는 당시의 현실을 "만인에 대한 만인의 투쟁"이라고 규정했다. 이런 아비규환의 현실을 감당하려면 그토록 막된 인간들을 통제할 수 있는 절대 권력, 《구약성서》의 〈욥기〉에 나오는 바다 괴물 '리바이어던'만큼 무시무시

이야기꾼

사막의 물장수

유네스코 인류 구전(oral) 및 무형(intangible) 유산으로 2001년 지정된 제마 엘프나 광장의 야시장,
모로코의 마라케시

뱀 장수

양념과 향료 가게

한 통치권이 있어야만 한다고 주장했다. 당시 그가 기대했던 절대 권력이나 정부가 얼마나 정의롭고 지혜로운지의 문제는 뒤로하고, 때로는 그토록 급진적인 주장에 동의할 수밖에 없을 정도로 인간의 행태를 보면 비열하고 어리석은 면도 있어, 그런 인간들이 모이는 시장 역시 자체적인 관리가 안 될 경우 도둑 떼의 소굴이 될 수도 있다.

어느덧 그런 끔찍한 폐해를 예방할 경제 지식은 충분하지만, 그 맥락을 이해하고 좀 더 나은 선택들을 정책으로 실현시키려면 무엇보다 오늘날 인간과 기업과 시장에 대한 폭넓은 이해, 이 책에서 필자가 주장하는 유기론적 생태주의라는 시대가 요구하는 관점이 널리 확산되는 게 시급하다. 이는 기계론적 이성주의 탓에 빚어지는 가장 큰 폐해 중 하나인 무한경쟁과 이에 시달리는 오늘날 '성과 주체'로서의 현대인[5]들이 겪는 존재의 불안을 훨씬 심층적 차원에서 해소할 것이다. 시장이 본디 무한경쟁의 싸움터, 도둑 떼의 약탈이 자행되는 전쟁터일 필요가 없다는 점, 대신 공감능력이 살아 있는 사회적 존재들이 벌이는 축제의 장이었다는 점만 깨달을 수 있어도, 우리는 역설의 변용을 통해 시대의 전환점을 만들어내고, 엄혹한 지금의 현실을 축복으로 바꿀 수 있을 것이다. 예컨대 시장 원리를 수요와 공급으로 압축한 추상적인 곡선, 두 손가락으로 작동하는 집게 모양 손이 아니라 시장에 작용하는 모든 요소와

5 한병철, 《피로사회》, 문학과지성사, 2012.

홉스의 《리바이어던》 초판 표지, 1651년

고려시대 천수관음상, 프랑스 기메(Guimet) 박물관 소장,
2015년 1월 22일, 출장 차 프랑스 파리 방문한 필자 직접 촬영

자연을 포함해서 모든 존재의 처지를 두루 헤아리는 우주적 조화
혹은 대자대비로 만물을 보살피는 천수관음보살Sahasrabhuja의 손길
로 이해하는 것은 어떨까?

얼마 전에 출장 일로 테헤란에 들렀다. 현재 이란은 국제사회로
부터 심각하게 경제 제재를 받고 있는 형편임에도 현지 전통시장
바자르bazaar는 여전히 사람들로 붐비고 활발하게 경제활동이 이루
어지고 있었다. 《삼국유사》에는 고구려와 신라, 백제의 시장뿐 아
니라, 고려가 건국하면서 도읍지인 개경에 시장을 설치한 내용도
실려 있다. 그리고 200년 후 송나라의 사신 서긍徐兢. 1091~1153이

고려의 수도에 머물면서 기록했던 1123년 견문록[6]에서는, 광화문에서 동십자각을 가로질러 종로로 늘어선 수백 칸의 점포와 거기서 벌어진 일들도 엿볼 수 있다(한양이 개경을 본뜬 도성이니 오늘날 사대문 안 서울에서 당시 저잣거리의 모습을 대신 그려볼 수 있을 것이다). 앞에서 고조선의 신시가 그랬듯 고려 시대에도 시장에서는 상거래만 이루어지는 것이 아니라 볼거리와 먹고 마시는 자리가 마련되었다. 생태계의 '틈새'가 물리적인 공간을 넘어 온갖 상호의존의 '관계 맺기'이듯, 시장도 사람들이 모이고 흩어지는 가운데 여러 층위의 교류를 통해 우리들 삶을 풍요롭게 하는 자리였다. 무엇보다 왕권의 지속이 지상과제였던 왕조 사회에서 시장은 자비로운 임금의 선처로 복지가 실현되는 곳이기도 했다. "가게 열 개를 지날 때마다 불상이 세워져 있고, 큰 항아리에 죽을 쑤어두고 귀천을 가리지 않고 누구나 먹을 수 있게 했다"는 서긍의 관찰 기록이 그의 저작 《고려도경》에서 확인되는데, 이는 '세자께서 가로변 장터에서 죽을 쑤어 굶주린 사람들을 사흘간 먹였다'는 1292년 《고려사》 충렬왕 편의 기록과도 일치한다.[7]

---

6 서긍(徐兢) 저, 조동원 외 역, 《고려도경》, 황소자리, 2005. 《고려도경》은 송나라 휘종(徽宗)에게 바친 보고서 형식의 책으로 고려의 정치, 경제, 사회, 문화, 군사, 예술, 풍속 등이 자세하게 기술되어 있다.
7 《고려사》, 충렬왕 18년(1292년) 5월 26일 기사 참조, 국사편찬위원회.
   http://db.history.go.kr/KOREA/

가난과 부의 연구

요즘은 거의 듣기 힘든 이야기가 되었으나, "가난구제는 나라님도
못 한다"는 속담이 있었다. 왕이 앞장을 서도 가난한 사람이 많으
면 백성을 배불리 먹일 수 없으니, 보통 사람 힘으로는 도리가 없
다는 뜻이다. 이 답답한 현실에서 스스로의 무능력과 무기력을 한
탄하는 가슴 아픈 이야기였다. 대체 어떻게 해야 나라가 부자가 될
까? 부자 나라와 가난한 나라의 차이는 뭘까? 어떤 정책을 선택하
고 어떤 정책을 포기해야 국민의 살림살이가 좀 나아질까?

애덤 스미스Adam Smith, 1723~1790는 이런 궁리를 가장 열심히 한 사람 중 하나였음이 틀림없다. 애덤 스미스를 '고전경제학의 아버지'라 불리게 한 그의 1776년 역작《국부론*An Inquiry into the Nature and Causes of the Wealth of Nations*》의 제목도, 나라 '국國'에 넉넉할 '부富'였으니, 국가 차원에서 경제발전을 돕는 정책은 무엇이며 경제발전을 방해하는 정책은 어떤 것인지 설명하는 내용을 담았음을 짐작할 수 있다. 하지만 그는 원래 경제학자로 활동한 적이 없고, 도덕과 역사와 문화, 언어와 자연과학, 논리학과 철학, 사회와 정치와 법률학을 포괄하는 도덕철학 전공 교수, 전형적인 딸깍발이 서생이었다. 그래서《국부론》보다 17년 앞선 1759년 철학자로서의 대표작은 제목도《도덕감정론》이다. 희로애락, 인간의 성정 중에 기뻐하고 슬퍼하고 사랑하고 분노하는 감정이 있듯 세상일의 옳고 그름에 대해서도 상응하는 '도덕감정moral sentiment'이 일어나는 것, 애덤 스미스는 바로 이 감정을 인간의 도덕성을 확인하는 단서로 파악했다. 이를 우리에게 익숙한 공자님 말씀으로 바꾸면, 하늘의 덕이 사람에게 반영된 네 가지 단서인 인仁 · 의義 · 예禮 · 지智 중에서 '옳고 그름을 판별하는 마음'인 지智에 해당할 것이다. 이 책의 출간과 함

애덤 스미스, 1790년

김홍도의 〈장터길〉, 18세기

께 도덕철학자로서 입지를 굳힌 그는 당시로서는 흔치 않았던 해외 여행의 기회도 얻어 1764년에는 이웃나라 프랑스를 거쳐 지금의 스위스까지 여행하며 유럽 여러 나라의 살림살이를 살펴볼 수 있었다. 이 여행은 결과적으로 도덕 선생이던 애덤 스미스가 경제 연구를 병행하는 계기를 만들어주었다.

같은 때 조선에서는 개혁군주라 불린 정조가 설립한 왕실도서관 규장각에 근무하던 이덕무李德懋, 1741~1793와 박제가朴齊家, 1750~1805, 그들과 각별한 교분을 나눈 홍대용洪大容, 1731~1783과 박지원朴趾源, 1737~1805 등 당시 정조가 아끼던 총명하고 눈 밝은 선비들이 청나라 수도 북경에 가서 소문으로만 듣던 서양문물을 확인하고 특히 시장에서 일어나는 변화에 주목하며 보고 느낀 점, 배울 만한 점들을 정리해 글로 남겼다. 조선이 부강한 나라가 될 수 있는 길을 모색하기도 한 이들은 그래서 "먹고 입는 것이 넉넉해야 예절을 안다"고 강조했던, '관포지교'로 유명한 제나라 재상 관중管仲. ?~B.C. 645의 말처럼 조선 백성도 살림이 넉넉해지고 어깨가 펴져서 공자님이 '사양할 줄 아는 마음'이라고 간단히 정의한 예禮를 스스럼없이 행하는, 그런 나라가 될 수 있기를 크게 소망했다.

박제가는 《북학의》[8]에서 "영동에는 꿀이 생산되나 소금이 없고, 관서에는 철이 많이 나지만 감귤이 없으며, 북도에는 삼베는 잘되어도 무명이 귀하다. 두메에는 붉은팥이 흔하고, 해변에는 젓갈과 메기가 흔하다. 그 밖에 영남의 옛 절에서는 종이를 생산하고, 청산과 보은에는 대추나무 숲이 많고, 한강 입구에 있는 강화에는 감이 많다. 이들을 서로 이용해 쓰임새를 풍족히 하고 싶지만 힘이 자라지 못한다"고 안타까워했다. 조선도 청나라처럼 이들을 서로 충분히 나눠 쓸 수 있도록 "상업을 발전시켜야 나라가 부유해진다"고 주장하는데, 이는 곧 시장의 기능을 활성화할 국가 차원의 대책이 필요하다는 이야기였다.

---

8 제목에 들어간 '북학(北學)'은 《맹자(孟子)》〈등문공(滕文公)〉편에 "진량은 초(楚)나라 사람이다. 그는 북쪽으로 올라가 공부했다. 그런데 북방의 학자들도 그보다 나은 사람이 별로 없었다"라는 대목에서 따온 것으로, 유학(儒學)을 공부하고자 남쪽 출신의 지식인이 본거지인 북쪽으로 간다는 뜻에서 쓰인 말이다. 이를 인용하여 중국의 문물을 배울 것을 주장한 박제가가 1778년 자신의 책 제목을 《북학의(北學議)》로 붙인 이후, 청나라의 선진문물을 배운다는 의미로 널리 사용되었다.

이는 당시 양반의 입장에서는 달갑지 않은 이야기였다. 오랜 유교 전통으로 조선에서는 사·농·공·상, 즉 선비와 농민, 기술자와 상인의 순으로 신분 서열을 매겨둔 탓에 상업 종사자들이 자부심을 지켜갈 수 없는 구조였다. 물건을 사고팔며 이익을 남겨야 할 상인들이 열심히 일을 해도 돈을 벌기가 힘들었고, 설사 돈을 좀 벌었다고 해도 별로 대접을 받지 못했다. 무엇보다 사통팔달 길을 내어 필요한 물건을 나눠 쓸 수 있도록 유통이 활발해야 하는데 당시 조선의 장사치들은 주로 등짐이나 봇짐을 이용했고 기껏해야 나귀 등에 물건을 실어 나르는 형편이었다. 이런 현실에서 벗어나 청나라처럼 고을 안팎으로 수레가 다니게 할 방도를 모색하던 지식인들을 당시 조선에서는 '북학파'라 불렀다. 이들은 특히 상업의 중요성을 강조해 '중상학파重商學派'로도 불렸다.

이들의 사상적 기치는 무엇보다 동아시아의 오랜 고전 중 하나인 《서경書經》에 등장하는 우임금이 나라를 다스리는 기본으로 삼은 '이용후생利用厚生'이었다. '이용후생'이란 백성의 실생활에 편리한 용구나 기계, 유통수단을 개발하고 먹고 입는 재물을 풍부하게 하여 백성의 삶을 풍요롭게 한다는 뜻이다. 더욱이 천여 년 전에 한반도에 살았던 신라와 고구려 사람들이 누렸던 풍요로움의 기초가 수레와 배 등 상품을 운송하는 유통수단이었는데, 그런 기술력과 행정력을 잇지 못한 탓에 조선이 가난에서 벗어나기 힘들다는 점을 안타까워했다. 그리고 청나라 수레들을 관찰하고 기록하면서 이를 상품 유통의 해결책으로 제시했다.

영국의 애덤 스미스도 이 무렵, 이들과 비슷한 생각을 하며 답을 구했다. 18세기 영국은 산업혁명과 함께 빠른 속도로 경제 성장을 이루었으나, 시골의 농부와 도시 노동자는 종종 끼니를 때우기조차 힘들었다. 오래도록 특권을 누려온 지주나 귀족들, 도시의 부호들은 상인과 수공업자의 성장을 원하지 않았다. 애덤 스미스는 극심한 양극화와 처참한 노동현실을 해결할 수 있는 국가 차원의 경제적 성취를 이룰 방도를 숙고했다. 당시는 지역별 화폐 단위와 도량형이 제각각이고, 낡은 법규들 탓에 공장을 세우기가 여의치 않아서, 상인과 수공업자의 반발이 거셌다. 그들은 기술 자격의 허가를 제한하고 도제들의 이동을 금하는 법규를 철폐하라고 주장했다. 애덤 스미스는 이들의 요구를 정당하다고 평가하며 사회 전체에 끼칠 긍정적 효과를 확신했다.

상인과 수공업자들은 시골에 땅을 차지한 지주들보다 국민의 전체 행복에 훨씬 중요한 변화를 일으켰다. 지주들은 농민을 위해 일자리를 베푼다고 입으로는 떠들지만, 그건 허영심의 헛된 표현일 뿐 실제로는 도움을 주지 못한다. 그에 비해 상인과 수공업자들은 한 푼이라도 이득이 나는 곳이면 어디라도 달려가 장사를 하고 기술을 제공한다. 국가의 재산을 늘리고 국민의 생활을 낫게 하는 데는 게으른 지주보다 약삭빠른 장사꾼의 활약이 더 도움이 된다.[9]

---

9 애덤 스미스, 《국부론》, 김수행 역, 제3권 제4장, 비봉출판사, 2007.

고전경제학의 탄생

오늘날의 시장은 오래된 시장의 진풍경과는 많이 다르지만 가장 중요한 공통점이 하나 있다. 바로 시장에서 이루어지는 경제활동이다. 이와 관련해 애덤 스미스는 《국부론》에서 시장은 '보이지 않는 손'에 의해 자원이 배분되는 효율적인 체계라고 설명한 바 있다. 필요한 물건이 시장을 통해 필요한 사람들 손에 들어간다는 뜻이다. 앞에서 언급했듯이 애덤 스미스는 원래 도덕철학 교수로 많은 분야를 섭렵하며 유럽에서 철학의 대가로 입지를 굳혔으나, 10년 동안 다섯 권짜리 《국부론》을 저술할 때만 해도 '경제학economics'이란 표현을 책에 언급한 적이 없었다. 장차 '경제학의 아버지'가 될 생각이 없었음에도, 이 책을 통해 철학과 정치학의 틈새시장, 경제학을 찾아낸 셈이다. 애덤 스미스 본인은 '정치경제학political economy'이라는 말을 썼는데, 그의 경제학을 요즘은 '고전경제학classical economics'이라 부른다. 경제학 중에서 가장 오래되고 나름의 권위가 있다는 뜻이기도 하다.

애덤 스미스가 1764년 프랑스를 방문했을 때, 파리에서 제일 훌륭한 의사로 소문난 프랑수아 케네François Quesnay, 1694~1774는 이른바 '경제표'를 작성해 이미 그 명성이 자자했다. 당시 유럽은 자연과학의 방법론, 장황한 말보다 도표나 수식을 써서 원리를 요약하는 게 대단한 유행이었다. 1758년 케네는 농부와 지주와 상공업의 종사자, 이 세 계급이 경제적으로 서로 의존하는 관계를 중심으로 풀어간 《경제표Tableau Économique》를 출간했다. 의사였던 그는 경제 또한 우리 몸에 비교했다. 건강을 위해서는 무엇보다 혈액이 충분하고 순환이 잘돼야 하듯, 국가 경제도 건강한 상태를 유지하려면 피에 해당하는 돈이 잘 돌아야 한다는 설명이었다. 그의 이론에 감명을 받은 애덤 스미스는, 케네를 찾아가 이야기를 경청하고 궁금한 점은 열심히 물어가며 경제적 풍요로움의 이치를 파고들었다. 케네는 당시 혈기왕성한 지식인 청년이었던 디드로Denis Diderot, 1713~1784와 달랑베르Jean-Baptiste le Rond d'Alembert, 1717~1783를 지원해 경제 관련 기본 개념을 정리한 원고를 《백과전서Encyclopédie》에 기고했다. 1751년에 시작해 1772년 마지막 권이 출간된 이 '세상의 모든 지식을 담은' 야심찬 책들은 당시 프랑스 사람들을 똑똑하게 했고 무엇보다 시민의식을 일깨워 1789년 시민혁명의 기반이 되었다고 한다.

케네는 특히 중국과 인도 등 동양의 문물에 유난히 관심이 컸던 사람이다. 그래서 도교道敎, taoism 전통에서 내려온 '무위無爲'의 개념을 '부자연스럽고 인위적인 행위를 삼가시라, 그냥 내버려두시라'는 뜻으로 새겨, 프랑스 말로 레세페르laissez-faire 혹은 레세파세laissez-passer라고 번역했다. 이는 머릿속에서 벌어지는 숱한 생각의 변동과 변덕이 스스로 가라앉게 뱃심을 키우고 몸과 마음의 균형을 잡아 건강한 삶을 누리는 일종의 양생술養生術로서, 이른바 도를 닦는 기본 태도를 일컫는 말이기도 하다. 그런데 이 말이 엉뚱하게도 '자유방임주의'라는 경제정책의 대명사로 오역된 채 쓰이다가 오늘날에는 온갖 규제의 완화 및 철폐라는 신자유주의 정책, 나아가 의도하지 않은 결과가 된 도덕적 해이와 조직적인 부패의

원흉으로도 오해 받고 있는 형편이다.[10]

애덤 스미스에게 '나라가 부자'라는 뜻은 일용품을 충분하게 생산하고, 생산된 물건을 필요한 만큼 순조롭게 나눠 쓴다는 것이었다. 자국의 이익을 위해 식민지를 약탈하든 무역으로 벌어오든 금과 은을 많이 확보하는 게 부자 되는 길이라고 생각하던, 이른바 중상주의 사고가 지배하던 당시로서는 꽤 온건하고 참신한 발상의 전환이었다. 비록 영세했지만 여러 사람이 모여 일을 쪼개어 같은 동작을 반복한 덕에 생산량을 크게 늘린 옷핀 공장을 가보고는 크게 감격하여 애덤 스미스는 《국부론》 제1권의 첫 장에서부터 생산성의 혁명을 가능케 하는 분업의 중요성을 강조했다. 나아가 효율적으로 생산된 제품들이 순조롭게 유통될 수 있도록 이를 가로막는 제도나 법 따위를 치워줄 길을 모색했다. 그런데 상품이 수급되는 이치를 살펴보니, 수요자와 공급자가 서로의 필요를 채워주는 '시장경제'는 일용품을 효과적으로 나눠 쓸 수 있는 정말 훌륭한 방법이었다. 이를 사회 전체로 확산하면 수요자와 공급자 모두가 행복한 결과를 얻게 될 것이라는 흐뭇한 마음으로 그는 다음과 같이 짓궂은 말도 남겼다.

---

10 지역마다 역사 배경이 다양해 '자유주의'란 표현은 혼동의 여지가 크다. 유럽의 경우 과거 기독교의 억압적 이데올로기에서 벗어난 사상적 자유를 추구하는 계몽주의적 면모가 강조되지만, 미국은 시장경제의 운용과 관련해 국가의 규제를 반대하는 보수적 기독교도들이 스스로를 칭하는 경우가 많다.

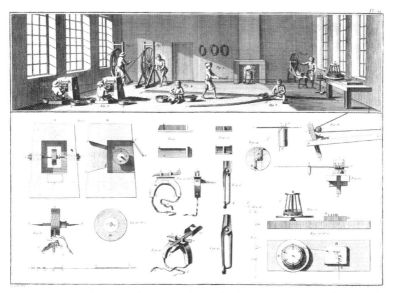

프랑스 《대백과사전》에 실렸던 애덤 스미스가 방문한 옷핀 공장의 삽화, 1772년

우리가 편안하게 저녁 식사를 할 수 있는 건 푸줏간 주인이나 양조장 주인, 혹은 빵집 주인의 자비심 덕분이 아니라, 그들의 사사로운 이익 추구 덕분이다. 우리에게 필요한 걸 해주십사 그들에게 부탁할 일이 아니고, 그들에게 이익이 돌아가는 일이라고 말하면 된다.[11]

결코 남을 위해서가 아니라 자신에게 이득이 돌아오는 일이므로 열심히 어떤 일을 했던 것인데 역설적으로 그게 세상을 향한

---

11 애덤 스미스, 《국부론》, 김수행 역, 제1권 제2장, 비봉출판사, 2007.

봉사가 된 것처럼, 시장을 통해 서로가 필요한 물자를 구매하거나 판매하는 과정에서 균형을 찾게 된다니! 이처럼 신통한 작용을 애덤 스미스는 시장의 '보이지 않는 손invisible hand'에 의한 조절이라고 비유했다. 각자 '자기 이익'을 추구하는 공급자와 수요자 양쪽은 결과적으로 서로에게 더 큰 이익을 만들고, 시장은 거기에 함께하는 사람들이 원활하게 교류할 수 있도록 수요와 공급의 흐름을 돕는다. 이렇듯 상품 유통 전반을 수요와 공급의 관계에 의존하는 경제를 '시장경제'라고 부르는데 때로 사회주의 경제를 계획경제, 이에 대비해 자본주의 경제를 시장경제라고도 하지만, 이런 구분이 반드시 현실적인 의미를 갖는 것은 아니다.

중농주의(자연주의)[12]와 중상주의

농사가 하늘 아래 살아가는 이들의 기본이란 말도 있듯, 한반도 사람들은 농사를 가장 중요한 경제활동으로 꼽았다. 기름진 땅과 온화한 기후를 자랑하는 프랑스 사람들도 농사만 열심히 지으면 제법 넉넉한 살림을 꾸릴 수 있었다. 자연의 질서에 따라 생산되는 풍요로운 농산물에 자부심과 기쁨을 느꼈던 프랑스 사람들에게도, 땅에 기대어 산출하는 농산물이 모든 생산의 기본이라는, 즉 부자

---

12 동아시아에서 '중농주의'로 번역해서 쓰는 physiocracy는 원래 '자연이 다스린다(Nature governs)'라는 뜻이다. 동아시아 지역에서 살림의 기반인 '농사'가 아니라 농사를 포괄하여 자연에서 산출하는, 예컨대 씨앗 하나가 무성한 나무가 되어 수백 개의 열매를 맺는 방식이 상업을 통한 이윤보다 탁월하다는 뜻이 담겨 있다. 동아시아에서는 이를 중상주의와 대비시켜 '중농주의'라고 옮겨 쓴 것인데, 사실 자연주의로 쓰는 것이 원뜻에는 더 가깝다.

가 되는 길은 무엇보다 농업이라는 믿음이 퍼져 있었다. 그에 비해 절대왕정 시대, 유럽 절대군주들은 좋은 나라를 만들려면 무엇보다 부자 나라가 되어야 하고, 이를 위해서는 수입을 줄이고 수출을 많이 해서 대가로 금을 많이 확보하는 게 최고라고 믿었다. 다른 나라와의 교역을 통해 금을 들여오고, 일단 들여온 금은 어떤 일이 있어도 빠져나가지 않게 단속하는 정책이 중요했다. 헐값에 원료를 얻을 수 있는 식민지를 차지하려 들었고, 국내 제품의 경쟁력을 높이기 위해 외국산 수입품에는 세금을 잔뜩 물렸다. 이러한 보호무역을 포함해 상업으로 이득을 챙겨야 한다는 중상주의mercantilism는 18세기 유럽 여러 나라에서 유행한 '나라가 부자 되는 정책'이었다. 그러나 이는 역설적이게도 경제활동을 방해하는 일이 더 많았다. 모든 상품에 세금을 매기다 보니 세금을 차지하는 왕은 좋겠지만, 세금을 내야 하는 상인은 열성을 다해 일할 의욕이 나지 않았다. 애덤 스미스는 이런 식의 중상주의는 근시적인 정책이라고 비판했다.

중상주의는 무역에서 더 많은 이익을 남겨야 나라가 더 부유해질 수 있다고 주장한다. … 수출은 늘리고 수입은 줄여야 이익이라고 믿는다. 하지만 무역으로 이익을 남기려면, 제품을 생산하는 원료나 기계를 수입해야 한다. 예컨대 모직물을 짜는 데 필요한 양모와 방적기를 아일랜드에서 수입하도록 장려해야 한다. 그런데 에드워드 4세는 아일랜드에서 수입되는 모든 것을 금지하는 법을 만들었다. 이 법은 오랫동안 영국의 경제활동에 해를 끼쳤다. … 이런 식 규제는, 우리나라 제조업의 발달을 북돋기보다 이웃나라 제조업의 발달을 방해하려는 목적이 있다. 하지만 우리나라 생산물과 경쟁하는 외국 상품의 수입을 제한할 경우, 국내 생산자는 이익이겠지만 소비자는 그만큼 손해를 본다.[13]

애덤 스미스는, 경제발전을 위해서는 중상주의보다 중농주의 (자연주의)를 옹호했다. 특히 '자연으로 돌아가라'는 루소Jean-Jacques Rousseau, 1712~1778의 외침이 유행하던 시절이어서, 프랑스인은 경제활동도 자연법칙에 따라야 한다고 생각했다. 인간이 억지로 뭔가를 바꾸고 규제하기보다 그냥 내버려두는 편이 더 자연스럽고 훌륭하다고 여겼다.

상업 활동도 마찬가지였다. 뭐든 '자연스럽게 내버려두라'고 주장하는 사람들 입장에서는, 왕실의 수입을 늘리려 상업 활동 역시 사사건건 간섭하고 규제하는 중상주의를 비판할 수밖에 없었다. 세금을 높이 매기면 국가 사이의 상품 거래, 즉 무역이 위축되므로 생산량도 줄어들고 그 결과 상품의 가격도 올라가기 때문에 소비자에게는 그만큼 손해라는 설명이다. 중농주의(자연주의)를 옹호하는 사람들은 왕의 욕심 탓에 도입했던 이런 규제들을 풀어야 경제가 성장하고 국가의 재물도 늘어난다고 주장했다.

---

13 애덤 스미스, 《국부론》, 김수행 역, 제4권 제8장, 비봉출판사, 2007.

보이지 않는 손

'보이지 않는invisible'이라는 형용사는 일종의 유행어였다. 산업혁명의 물적 토대가 된 증기기관 발명에 앞서 이를 이론적으로 설명한 보일의 법칙, 즉 '일정한 온도에서 기체의 부피와 압력은 반비례한다'는 이야기는 아직도 전 세계 중학교 과학 교과서에 실려 있다. 갈릴레이 책을 읽고 자연과학에 흥미가 생겼다는 보일Robert Boyle, 1627~1691은 애덤 스미스보다 백 년 전의 사람인데, 자신의 동아리를 '보이지 않는 대학Invisible College'이라고 불렀다. 20년 남짓 함께 모였던 동아리 친구들은 보일의 법칙이 발표된 1662년 '왕립학회'로 모습을 드러냈다. 17세기 영국은 근대과학혁명의 중심이었고, 최고의 요람은 왕립학회였다. 애덤 스미스 또한 계몽주의 시대 '왕립학회' 회원이었다. 당시 '아는 것이 힘'이라 외치며 새로운 과학의 기치를 든 왕립학회가 강조했던 원칙은 '핵심 정리'였다. 위대한 업적을 쌓은 학자의 말씀일지라도 실험으로 증명하고 요약할 수 없다면 과학적 진리가 아니었다. 핵심을 압축한 말을 골라 쓰는 게 중요했고, 여기서 애덤 스미스의 사상을 압축한 말이 '보이지 않는 손'이 되었다. 하지만 오늘날의 자유방임주의 시장경제를 압축하는 그 표현은 다섯 권에 달하는 두꺼운 책《국부론》에 단한 차례의 비유로밖에 나오지 않는다.

모든 개인이 국내 산업 활동에 자기 자본을 최대한 지원하면 산업현장에서는 저절로 최고의 가치창출이 이루어진다. 이는 결과적으로 모든 이가 최선을 다해 국가경제를 최고 수준으로 끌어올리는 길이지만, 개인들은 굳이 공공의 이익을 위해 자신이 무언가를 했다고 생각하지 않을 것이며, 기여한 몫이 얼마큼인지도 알지 못한다. 개인의 입장에서, 외국 기업이 아니라 국내 기업을 지원했다는 점은 자신에게 더 안전한 길을 모색한 것뿐이라, 이를 통해 기업이 최고의 가치를 창출하게 되어도 그건 자신의 득이 되는 일이라 그랬던 것뿐이다. 다른 경우도 마찬가지로 개인은 '보이지 않는 손'에 이끌려 전혀 의도하지 않은 어떤 목표를 위해 뭔가를 열심히 할 뿐이다. 그런 작정을 하지 않았다 해도, 결과적으로 사회 전체를 위해 꽤 괜찮은 일을 한 것이다. 개인적으로는 그저 자기 이익을 추구한 것이지만, 일부러 애를 쓰며 사회를 위해서 무언가 중요한 일을 도모했던 것 이상의 훌륭한 일을 한 셈이 되는 것이다.[14]

윗글에서 인간은 자기 의지로 할 수 있는 일이 별로 없지만 "개인은 보이지 않는 손에 이끌려 특별히 의도하지 않은 어떤 목표를 위해 뭔가를 열심히 한 셈"이라고 애덤 스미스는 말한다. 오늘날 그의 대명사가 된 '보이지 않는 손'은 사실 이보다 먼저 1750년 경 출간한 《천문학의 역사 The History of Astronomy》에서 '주피터의 보이지 않는 손'이라는 비유에도 사용되었다. 로마 신화에서 주피터 신은 그리스 신화에서 하늘을 다스리고 자연의 조화를 관장하는 제우스

---

14 애덤 스미스, 《국부론》, 김수행 역, 제4권 제2장, 비봉출판사, 2007.

신에 해당한다. 한편 동아시아의 관점에서 보면 애덤 스미스의 '보이지 않는 손'은 인간 개개인의 뜻대로 모든 걸 조절할 수 있는 것이 아니므로 내버려두면 저절로 조화와 질서를 찾아가리라는 노장사상의 무위자연無爲自然적인 전망과도 맥을 같이한다.

《국부론》에는 딱 한 차례, 그저 지나가는 말로 사용한 '보이지 않는 손'이라는 비유는 앞뒤 맥락을 무시한 오용과 남용으로 오늘날 신고전학파 경제학neo-classical economics의 기조로 치부되는 결과가 되고 말았다. 사람들이 모여 각각 남는 것을 베풀고 부족한 것을 채우는 과정에서 서로 통하고 고마워하며 함께 행복해질 수 있으리라 기대했던 도덕군자 애덤 스미스는 본인의 의도와는 동떨어진 방식으로 매도되면서 오늘날 자본주의로 인한 폐해의 원인 제공자가 된 셈이니, 비유는 때로 긍정적으로든 부정적으로든 상상 이상의 영향력을 발휘한다.

시장 거래에 앞선 도덕감정

거듭 이야기했듯 언제부턴가 '경제학의 아버지'로 추앙받는 애덤 스미스는 원래 철학자였다. 대표작 《도덕감정론》에서 애덤 스미스가 우리 사회의 질서와 번영, 정의 실현의 근본 토대인 인간의 기본 정서와 감정을 꼼꼼히 분석한 내용을 토대로 작업하면서 제일 먼저 다뤘던 인간의 보편적 정서는 '공감sympathy' 능력이다.

인간은 본성상 아무리 이기적이고 자신과 관련이 없어도 타인의 행과

분업을 통해 생산성이 크게 향상된 옷핀 공장을 배경으로 애덤 스미스의 초상이 들어간
20파운드 지폐

불행에 관심을 가진다. 좋은 일이건 나쁜 일이건 우리는 정서적 느낌
이 있게 마련이라, 타인의 불행과 슬픔, 고통을 목격하면 굉장히 생생
하게 느낌이 전달된다. 우리의 본성이 그렇다는 건 너무도 명백해 따
로 분석할 필요도 없다. 그건 고상한 사람들뿐 아니라, 밥 먹듯 법을
어기는 강도들에게도 있는 감정이다.[15]

도덕의 '논리'를 따지기에 앞서 도덕에 대한 우리 인간의 감성을
연구한 것인데, 인간은 남의 행불행에 대해 공감하게 마련이란 사
실을 강조한다. 감정의 교류가 가능한 사회적 인간, '공감하는 사
회적 존재로서의 인간'에 대한 논의로 이야기를 시작하면서, 그 기
저에는 오히려 신의 마음을 닮은 '공정한 관찰자impartial spectator',

---

15 애덤 스미스, 《도덕감정론》, 박세일 역, 비봉출판사, 2009.

즉 양심이 있어 그 중재와 관리를 받고 있는 윤리적인 개인을 상정했다. '이기심'에 대해서도 다루는데, 그에게 이기심이란 사람들이 자신의 이익self-interest을 챙긴다는 뜻이다. 해가 되는 것을 피하고 득이 되는 것을 취하는 건 인간뿐 아니라 모든 생명체의 보편적인 특성이다. 만약 그 반대라면 생명을 거스르는 매우 위험한 일이다. 이렇듯 애덤 스미스의 이기심이란 자기밖에 모르는 나쁜 심보selfishness와는 크게 차이가 있다.

이를 잘 살피면 우리들의 저녁 식사와 관련된 상인들의 행위는 자비심이 아니라 제 이익에 근거한다는 주장의 야릇한 느낌이 '이기심'이라는 표현 탓에 오해의 여지가 있었다는 점이 드러난다. 애덤 스미스에게 이기심이란 이익에 대한 집착이 아니라 관심과 흥미를 추구하며 사회 전체를 활기차게 하는 사회적 생명활동에 훨씬 더 가깝다. 한편 '공감'하는 성정은 "우물로 기어가는 아이를 보면 누구라도 달려가서 아이를 구하게 마련"이라며 '성선설'을 주장한 맹자의 '측은지심惻隱之心', 즉 딱한 이를 가엾게 여기는 어진 마음과 같은 맥락이다. 어떤 대가를 바라서가 아니라, 곤경에 처한 사람을 보면 달려가 손을 내미는 우리 인간의 마음은 '옳고 그름을 판단하는 본능적인 느낌 혹은 능력', 즉 도덕감정의 존재를 증명한다는 것이다.

애덤 스미스가 이야기한 '공감 능력'은 특히 1990년대 중반에 미국의 심리학자 골먼Daniel Goleman, 1946~의 인간의 성공과 행복은 지능지수I.Q.보다 감성지수E.Q.가 좌우한다는 요지가 담긴 《감성지능*Emotional Intelligence*》이 베스트셀러가 되면서 여러 분야에서 새삼 주목을 받게 되었다. 무엇보다 이는 근대적 지성 중심으로 세상을 재단하고 그 틀에 맞추면서 불거지는 수많은 부작용을 해소하는 효율적 도구라고 골면은 강조하는데, 경제학에서는 특히 그러하다. 그건 애덤 스미스의 후학임을 자처한 경제학자들이 그의 '보이지 않는 손'에 대한 인문학적 통찰을 무시하고, 다만 정교한 수리모델로 요약한 경제이론만을 발전시킨 까닭이다. 그 수리모델의 어느 곳에도 애덤 스미스의 '공감'이나 '도덕감정'은 물론 인간의 행위 전반을 감시하고 조절하는 '공정한 관찰자'가 끼어들 자리는 없기 때문이다.

근대과학의 산물인 간결한 수학 공식, 즉 기계론적 이성주의에 바탕을 둔 계량경제학은 시장경제의 이치를 요약하는 대단히 정교하고 막강한 방법론으로 여겨져 왔다. 하지만 이런 식의 이성 중심의 이론들, 말 그대로 합리성에 기초한 경제이론은 오늘날의 신자유주의와 금융, 재정위기 앞에서는 속수무책인 도구로서 그 한계가 분명하게 드러나고 있다. 뿐만 아니라 정치와 경제, 사회와 문화 곳곳에서 바로 근대성의 모순이 사고뭉치로 말썽을 부리니, 이들은 시대가 당면한 문명적인 한계의 징후들로 보인다. 그 모든 것의 기반인 근대적 사유방식, 기계적인 사고의 틀을 극복하고 이를 보완하는 요소로서 감성적 면모를 적극적으로 수용하는 것은 어느덧 시대적인 요청이 되었다. 이는 동시에 애덤 스미스에게 모든 혐의를 덮어씌웠던 과오를 청산하는 길이기도 하다.

수요와 공급 곡선

한국인의 밥상에서 빠질 수 없는 김치, 특히 월동을 대비한 김장문화는 유네스코에서 정한 인류 공동의 문화유산이 되었다. 우리 어렸을 적 김장 준비는 여느 명절이나 제사만큼이나 큰 행사여서 이를 위한 장이 따로 설 정도였다. 적당히 풍년이면 농부와 주부가 함께 어깨가 가볍지만, 수요와 공급의 균형이 흔들리면 '배추 파동'이니 '고추 파동'이니 하며 온 나라가 함께 조바심을 치는 형국이 되곤 했다. 이런 류의 긴장이 반복되지만, 그래도 시장은 사람 냄새가 물씬 풍기는 특별한 곳이다.

서울 용산의 김장시장, 1977년

시장경제의 수요와 공급이 서로 잘 맞아 돌아가며 가격과 수량이라는 거래 내용이 형성되는 관계를 그림으로 표시한 '수요와 공급의 곡선'은 경제원론 과목의 핵심 내용이다. 수학에서는 X와 Y라는 기호를 사용하여 Y는 X의 함수로서 Y=f(X)라고 하는데, X값이 변하면 Y값은 어떻게 변하는지를 보여주며, 수평축은 독립변수인 X값을 수직축은 종속변수인 Y값을 나타내기 위해 사용한다. 경제학에서는 X와 Y 대신에 가격Price과 수량Quantity의 첫 글자인 P와 Q로 쓰며, Q=f(P)의 관계로 설명한다. 여기서 수학에서와는 반대로 독립변수인 P는 가격이 오르고 내리고를 표시하기 위하여 수직축을, 종속변수인 Q는 수량의 변화를 나타내기 위해 수평축을 사용하는데, 이러한 표기방식은 알프레드 마샬Alfred Marshall, 1842~1924[16] 이래로 경제학의 관례가 되었다. 시장에서는 상품 가격이 오르기도 하고 내리기도 한다. 예컨대 요즘은 주택시장이 불안해서 전셋집의 품귀 현상이 벌어지니, 집주인들은 너도나도 전셋값을 올려 받으려 하고 반대로 세입자는 이를 감당하기가 너무 고달픈 수준이 되었다. 하지만 상황이 달라져 전세 물량이 늘어나면 가격은 곧 떨어질 수밖에 없다.

도표에서 S선은 공급Supply곡선, D선은 수요Demand곡선이라 하는데, 이는 '수요-공급 이론'을 표현하는 가장 기초적인 도표이

---

16 수요와 공급의 곡선 등 경제학의 과학적 기초를 세운 마샬은 "배부른 이의 빵과 굶주린 이의 빵은 그 효용이 크게 다르다"는 이른바 '한계효용의 법칙'을 경제학의 기본원리로 정립시켰다.

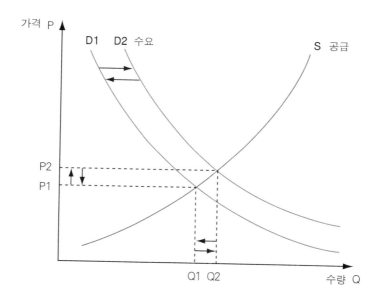

다. 가격에 따라 수요와 공급은 변하게 마련이다. 가격이 올라가면 공급량이 늘어난다. 돈을 더 받을 수 있으니 출하량을 늘리는 것이다. 그에 비해 구매하는 사람 쪽에선 아무래도 주춤하게 되니 수요가 줄어든다. 대신 가격이 떨어지면 수요가 늘어난다. 살까 말까 망설이던 사람들이 구입을 서두는 쪽으로 마음을 정하는 것이다. 이렇게 사는 사람과 파는 사람 입장이 서로 다르니까, 공급 곡선 S는 위로 올라가고 수요곡선 D는 밑으로 내려오는 모양새를 갖는 것이고, 두 곡선이 만나는 곳에서 '거래'가 성립된다. 그런데 위의 도표에서는 D1과 D2, 두 개의 수요곡선이 있다. 원래는 D1이 수요곡선이었는데, 여러 조건이 달라지자 수요곡선 전체가 D2

로 이동한다. 가격이 올라도 수요가 줄지 않고 오히려 거래가 늘어나는 형국인데, 이는 호황기임을 뜻한다. 불황일 때에는 그와 반대 양상이라 다시 D1으로 수축한다.

이와 같은 수요-공급 이론은 시장현상을 설명하는 매우 유용한 개념체계이다. 경제학은 본디 근대과학의 특성을 고스란히 반영한 결과로, '수요와 공급이 만나서 상품의 가격과 거래량이 결정'되는 기계적 원리의 골격을 세운 것이었다. 이를 기초로 좀 더 복잡한 경제이론들이 발전하는데, 여기서 주목할 점은 이런 함수관계가 작동하기 위한 기본 전제이다.

기계론적 이성주의 Mechanistic rationalism

시장에서의 '수요-공급 이론'에 대한 전제는 첫째로 '인간은 합리적으로 판단하는 이성적인 존재'라는 것이다. 가격의 변화에 사람들은 항상 일정한 반응을 보인다. 어떤 반응인가 하면, 계산을 해서 자신에게 유리한 쪽을 알아채고 그에 따라 합리적 행동을 한다. 즉 이성적인 사유와 판단을 전제한다. 이성에 바탕을 둔 거래행위가 이루어진다고 전제하는 것이다. 두 번째 전제는 시장에서 거래하는 주체인 수요자들과 공급자들이 시장과 관련한 모든 정보를 빠짐없이 공유한다는 것이다. 이런 조건에서 사람들의 반응과 판단, 시장에서의 경제활동은 일정한 규칙에 따라 움직일 것이므로, 그 기계적 작동원리를 파악하면 예측과 대응이 가능하다고 본다. 이런 조건을 전제로 시장을 바라보는 관점은 바로 전형적인 '기계

윌리엄 블레이크(William Blake, 1757~1827)의 〈기계론적 인간〉

론적 이성주의'에 입각한 것이다.

기계론이란, 모든 사태에는 특정한 원인이 있어 이를 밝히면 그에 따른 일정한 결과를 계산할 수 있다는 사유방식이다. 원래는 어떤 사물에 특정한 크기의 힘이 특정 방향으로 작용하면, 그에 따른 결과인 운동량과 운동의 위치를 예측할 수 있다는 것이다. 즉 힘의 인과관계를 간단한 공식으로 요약한 뉴턴Isaac Newton, 1642~1727의 '힘의 법칙'을 따르는 근대적 사유의 전형이었다. 당구대 위 빨간 공과 하얀 공에 특정 방향으로 일정한 힘을 가하면 다음 위치를 계산해서 예측하는 게 그렇게 가능하다. 하지만 세상 대부분 사태의 원인과 결과는 그렇게 쉬운 계산법으로 요약될 만큼 명료하지 않다. 시시때때 돌출하는 사소한 변수들이 작용하면서 인과관계의 계산을 감당할 수 없을 만큼 어렵고 복잡하게 만든다.

이성주의rationalism란 본능적 충동이나 감정적 동요, 종교적 믿음이나 초월적 경험 등의 영향을 배제하고, 명철하고 합리적인 사유로 사태를 인식하고 판단하려는 태도를 말한다. 경제학의 '수요-공급 이론'은 인간이 이렇다는 전제 위에 성립하는 것이고, 이를 전제로 훨씬 더 복잡한 경제이론들이 개발되었다. 하지만 사람들은 현실에서 결코 그렇게 이성적으로 생각하지 않는다. 판단도 행동도 별로 이성적이지 않다. 때로는 꼼꼼히 따지기도 하고 이성적인 반응을 보이지만, 훨씬 자주 정서적으로 반응한다. 기분이 좀 나쁘면 울컥해서, 기분이 좋으면 마냥 풀어져서 분명히 손해가 나는 일인데도 덥석 행하곤 하는 것이 인간이다. 이성을 가진 유일한 생명체라고 하지만, 역설적이게도 세상에서 가장 몰이성적인 행동을 하는 위험한 생명체이기도 하다. 만약 인간이 정말 이성적 존재라면, 심지어 주식 가격도 정확히 예측할 수 있을 것이다. 하지만 인간은 무척 감성적이고 몹시 복잡한 존재로, 주가는 바로 그런 요인에 상당히 영향을 받기 때문에 한 치 앞도 셈해낼수 없는 경우들이 허다하다. 인간이 만약 모든 사태를 정말로 이성적으로 수용하고 그에 따라서 반응한다면, 세계적 경기 침체나 외환위기를 예방하는 경제이론도 가능할 것이다. 하지만 실제는 그렇지 않다.[17]

많은 사람이 시장은 거래가 이루어지는 공간이라 이해하고, 시장에서의 거래는 수요와 공급의 법칙을 따른다고 믿는다. 하지만 시장을 제대로 보기 위해서는 무엇보다 그 시장을 움직이는 주체인 인간에 대해, 특히 그의 사회적 면모에 대한 관점들을 종합해서 살펴볼 필요가 있다. 예컨대 행동경제학에서는 최후통첩게임 Ultimatum game이나 독재자 게임Dictator game 등을 통해 '인간은 합리적 존재'라는 신고전학파의 가정을 실증적으로 반박하는 실험 결과들이 보고되었다. 인간은 진화 과정을 통해 '주고 또 받는give &

---

17 행동주의 재무학(Behavioral Finance)의 주자로 꼽히는 예일대학의 쉴러(Robert J. Schiller) 교수는 1981년 미국경제학회지(American Economic Review)에 게재한 실증연구 논문에서 당시 주류경제학에서 통용되던 이른바 '효율적 시장 가설(Efficient Market Hypothesis)'을 통렬히 반박하며 주식 가격은 어떠한 이성주의적 이론 모델로도 예측할수 없다고 결론지었다. 쉴러 교수는 2010년에는 더 이상의 세계적 금융위기를 되풀이하지 않기 위해서는 각종 금융관련 법과 제도, 그리고 금융기관을 개혁해야 한다고 촉구했으며, 이러한 이론적 정책적 기여를 인정받아 2013년에는 노벨경제학상을 수상했다.

take 거래의 방법'뿐 아니라 '무한정 주고 또 주며give & forget' 오히려 더 넉넉해지는 법, 남을 배려하는 심성을 터득한 존재라는 결론이다. 여기서 코앞의 이익을 탐하지 않는 '인간의 이타성'은 단기적으로는 비합리적으로 보이나 결국 그가 속한 사회공동체 전체에게 지속가능한 발전에 기여하는 장기적 합리성을 제공함으로써 인간의 본질을 구성하는 더욱 근원적인 요인이 되었다는 설명이다.[18] 이렇듯 진화론 혹은 생태론이라는 관점에서 살피는 행동경제학은 애덤 스미스가 일찍이 《도덕감정론》에서 상정했던 '공감하는 개인'을 재발견한 셈으로, 바로 이 점이 '보이지 않는 손invisible hand'에서 간과했던 더 중요한 면모가 아닐까 싶다. 경제학자의 입장에서 본 구성주의적 이성주의, 생태주의적 이성주의, 그리고 행동경제학과 게임이론에 관한 종합적 고찰에 관심이 있는 독자들에게는, 2002년 노벨경제학상 수상자인 버넌 스미스Vernon L. Smith의 수상식 연설을 정리한 논문[19]을 권한다.

유기론적 생태주의Organistic ecologism

앞에서 살펴본 시장에 관한 기존의 관점들과 대비하여 시장을 이해하는 새로운 접근법을 필자는 '유기론적 생태주의'라고 부른다.

---

18 최정규, 《이타적 인간의 출현–게임이론으로 푸는 인간 본성 진화의 수수께끼》, 뿌리와 이파리, 2009.

19 Vernon L. Smith, Prize Lecture: Constructivist and Ecological Rationality in Economics, Nobelprize.org. Nobel Media Web. 9 Nov 2014.

즉, 시장 자체를 하나의 생태계eco-system로 보는 것이다. 이는 애덤 스미스의 《국부론》 이후 이른바 고전경제학의 전개가 '기계론적 이성주의'라는 사유방식의 틀에서 진행되었던 점을 의식하여 그에 대비되는 역설적인 이름을 붙인 것이다.

'기계론적 이성주의'에서 기계는 부품으로 이루어지고, 동력을 넣으면 톱니바퀴들이 돌면서 작동한다. 하지만 유기체organism, 즉 생명은 훨씬 복잡하고 섬세한 화학작용으로 균형을 잡고 서로를 조절한다. 기계론이 사물을 분석하거나 분해해 고장 난 부분이 있으면 빼내 버리고 새로운 부품으로 갈아 끼우는 편이라면, 유기론은 시스템 전반의 상호관계를 이해하고 거기에 초점을 맞춰 상호작용을 북돋우는 방식이다. 기계론이 숲과 나무 중에서 나무 쪽으로 시선을 모으는 편이라면 유기론은 숲 전체로 시선을 확장해 모두를 끌어안고 함께 간다. 아직 보편 이론으로 자리를 굳히지는 않았으나 어느덧 이런 시각 혹은 감수성이 확산되고 있다. 언론에서 자주 접하는 말 중에 '틈새시장'도 대표적인 방증이다.

우리말로 '틈새'라고 옮겼지만 생태계에서 이는 특정 종種, species들이 거처하는 '고유한 서식지'를 말한다. 틈새에 해당하는 영어의 'niche'는 원래 둥지 'nest'에서 유래했다. 유럽에서는 그림이나 조각상을 안치할 자리를 뜻하는 건축 용어였고, 우리 전통에서는 이를 '벽감壁龕'이라 불러왔다. 야외에서는 동상을 세울 때 받침대를 쌓고 그 위에 올리지만, 실내에서는 벽을 파고 동상이 들어갈 자리를 마련한다. 예컨대 베드로 상의 벽감은 베드로의 자리,

석상이 있던 벽감-틈새niche, 요르단의 고대 유적 페트라

비너스 상의 벽감은 비너스의 자리이다.

건축에서의 틈새niche개념을 1917년 미국의 그리넬Joseph Grinnell, 1877~1939은 생태학의 용어로 차용해, 캘리포니아 관목 숲에 군락을 짓고 사는 개똥지빠귀의 생태를 추적하는 데 활용했으며, 그에 비해 영국의 엘턴Charles Elton, 1900~1991은 수많은 종이 다양한 관계로 얽힌 먹이사슬 전체에서 특정 생물종의 생태적 자리매김을 탐구했다. 더 나아가 근대생태학의 아버지라고 불리는 허친슨George Hutchinson, 1903~1991은 생태계 전반의 여러 요소, 예컨대 먹이사슬에서의 자리뿐 아니라 빛, 온도, 습도 등의 물리적인 요소를 포괄하는 복잡한 관계망에서의 자리 개념으로 발전시켰다. 원래는 특정한 생물종이 서식하는 물리적 공간인 서식지habitats 개념에서 출발하여, 피식자와 포식자로 연결된 먹이사슬의 상호의존성, 서식환경 및 그와의 상호영향 등을 포괄하는 훨씬 복합적 개념이 된 것이다.

생태계의 '먹이사슬'은 지구상에 등장한 생명들이 서로 의존하며 지속가능한 삶을 꾸려가는 놀라운 방식일 뿐이다. 만인에 의한 만인의 투쟁이 벌어지는 전쟁터에서 '약육강식'의 힘의 논리로 전개되는 현장이 결코 아니다. 바다의 플랑크톤을 먹고 사는 물고기들, 이들을 먹는 상어며 고래, 인간, 이 힘세고 덩치 큰 척추동물도 결국에는 맨눈으로는 보이지도 않을 만큼 작은 미생물에게 자신의 몸을 내준다. 생태계 일부를 이루는 다양한 종이 서로 베풀고 의존하며 생명을 꾸려가는 것이다. 다큐멘터리에서 이누이트들이 '네

지상의 먹이사슬

가 이제는 우리들의 일부가 되어주어 고맙다'는 기도를 마치고 사냥한 순록의 숨통을 끊는 장면이 나온다. 근대화 과정에서 많이 사라졌으나, 생태계에 대한 온전한 이해는 호모 사피엔스들의 오랜 지혜인 동시에 영적 전통이기도 했다.

이런 전통의 현대적 계승이 생태적 시각이다. 여기서 '먹이사슬'은 적자생존과 자연선택 등의 냉혹한 힘의 논리가 아니라 구성원들이 함께 꾸려가는 생태공동체의 개념으로 관점과 이해의 방향이 달라지며, 각 생명들의 관계가 무수히 복잡하게 서로 얽히고설킨 그물 구조가 된다.

우리를 살아가게 하는 여러 종류의 동물과 식물만 해도 화살표로 관계들을 연결하면 상당한 규모의 그물이 된다. 매끼 식사로 먹어대는 온갖 동물과 식물, 논과 밭, 산과 들에서 자라는 여러 곡식과 채소, 소와 돼지와 닭, 바다에 사는 각종 해산물에 특히 녹색식물이 뿜어대는 배설물인 산소까지 포함해 우리를 감싸고 먹여 살리는 관계의 그물만 살펴봐도 엄청나게 촘촘한 주고받음이 멈추지 않는다. 그 관계는 상상을 초월할 만큼 복잡하고 섬세하며 유동적이다. 이 그물이 땅속에서는 더 복잡한 그림을 그리니, 맨눈으로는 보이지 않는 수많은 박테리아들을 비롯해 버섯과 이끼의 뿌리처럼 가늘고 촘촘한 '보이지 않는 손'들이 생태계 곳곳을 돌보고 보듬으며 생명을 지속시키고 성장과 소멸을 중개한다.

이를 시장이라는 생태계에도 적용해보고자 한다. 그러면 생산자와 소비자뿐 아니라 투자자와 유통에 종사하는 수많은 이해당사

땅속 박테리아와 지렁이, 두더지까지 포함해 더 복잡해진 먹이사슬

자의 온갖 활동 또한 얽히고설킨 양상으로 서로의 자리를 지켜주는 모양새가 드러난다. 끊임없는 역동성이 발휘되며 쉴 새 없이 살아 움직인다.

단기적인 효율 중심의 가치를 중요하게 평가하는 기계론적 이성주의의 관점에서는 애덤 스미스의 비유로 알려진 '보이지 않는 손'이 수요와 공급이라는 두 축의 집게 모양으로 요약된다. 그에 비해 유기론적 생태주의라는 관점으로 다시 보면 우리의 사유와 감각의 양태가 바뀌어, '보이지 않는 손'의 개념을 전혀 다르게 설정할 수 있다. 앞에서도 언급했듯 수요와 공급으로 압축된 추상적 곡선보다는 아무래도 치유와 보살핌의 상징인 천수관음의 이미지가 애덤

스미스가 원래 뜻했던 '보이지 않는 손'의 본래 의미를 더 잘 살리
며 건강하고 긍정적인 영향력을 발휘할 수 있을 것이라고 나는 믿
는다.

진화의 새로운 관점-경쟁과 협조

우리는 종종 '시장은 무한경쟁이 일어나는 곳'이라고 말하며 '적자
생존' 혹은 '약육강식'이라는 표현을 쓴다. 여기서 적자생존과 약
육강식 혹은 '자연도태'라는 말은 제국주의가 팽배하던 19세기 맬
서스Thomas Malthus, 1766~1834의 인구론, 즉 식량 생산이 인구 증가를
따라갈 수 없으리라는 어설픈 예측과 그에 따르는 공포에서 유래
했다는 사실을 상기할 필요가 있다. '공포'는 사실 인간의 이성과
감성, 영성의 건강한 작동을 방해하는 '정서적 독약'이다. 이런 공
포 탓에 이후 백 년이 넘게 다윈Charles Darwin, 1809~1882의 진화론은,
인류의 조상이 원숭이란 말인가 하는 투박스러운 논쟁부터 적자생
존의 싸움을 벌이는 배타적 개념에 이르도록 공격적이고 적대적인
방식으로 통용되었다. 나중에는 '우생학Eugenics', 즉 '좋은 유전자
의 연구'라는 괴상한 이름의 과학으로 전개되어 1930년대 히틀러
일당에게는 아리안 종족의 우수성을 보존하고 계승해야 한다는 강
박관념의 정당성을 떠받치기도 했다. 한 가지 괴이한 관점에 고착
된 채 거기서 통하는 섣부른 과학지식에 기대어 수백만의 인명을
학살한 끔찍한 사건을 그렇게 변호했던 것이다.

　그뿐 아니라 다윈의 적자생존[20]을 강자생존, 즉 힘센 자들만 살

아남는 것으로 해석해, 생존경쟁 현상을 사회현상 전반에 적용하는 어이없는 경우도 속출하고 있다. 다윈의 적자생존은 원래 가장 힘이 세거나 가장 똑똑한 자가 아니라 환경의 변화를 가장 훌륭하게 감당하는 경우라는 뜻이었다. 하지만 생존에 대한 불안 혹은 공포는 소위 '사회적 다윈주의social darwinism'라는 형태로 변형되어, 인간은 태어나면서부터 그저 무한경쟁을 통한 단련, 예컨대 입시 지옥과 취업전쟁으로 몰아붙여야 사회가 발전한다는 위험천만한 주장에 이르는 부작용도 생겨났다. 여기서 "물리적 힘과 경쟁, 정복과 지배의 논조로 흐르던 우승열패의 진화론은 산업혁명과 제국주의, 즉 식민지 확보를 정당화하며 발전시켰던 기계론적인 사유방식으로서, 이를 주도하고 퍼트려온 백인 남성들의 음모이기도 했다"[21]는 페미니스트 과학자들의 주장에도 관심을 기울일 필요가 있다.

---

20 다윈은 원래 '자연선택(natural selection)'이란 용어를 썼고 '적자생존(survival of the fittest)'이라는 단어를 처음 사용한 사람은 현재 진화(론적) 사회학자, 혹은 사회적 진화론자로 분류되는 허버트 스펜서(Herbert A. Spencer, 1820~1903)로 알려져 있다. 스펜서는 다윈의 《종의 기원(On the Origin of Species)》(1859)을 읽고 '자연 선택'이라는 개념에서 영감을 받아 《생물학의 원리(Principles of Biology)》(1864~1867)에서 처음으로 '적자생존'이라는 단어를 사용하고 설명했다고 알려져 있는데, 다윈의 명성이 커지다 보니 《종의 기원》을 읽지 않았던 사람들도 스펜서의 이 용어를 다윈의 이름을 빌려서 이야기했다고 한다. 훗날 찰스 다윈이 《종의 기원》 제5판을 1869년에 낼 때에는 역으로 적자생존이란 용어를 받아들여, '자연선택'의 개념과 함께 포함시켰다고 알려져 있다.

21 Carolyn Merchant, *The Death of Nature: Women, Ecology, and the Scientific Revolution*, HarperOne, 1990. 캐롤린 머천트, 《자연의 죽음: 여성과 생태학, 그리고 과학혁명》, 미토, 2005.

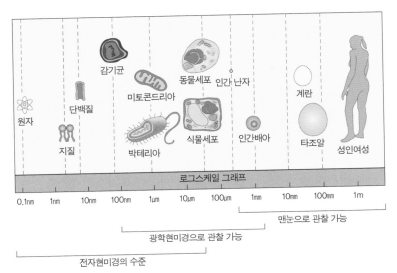

세포를 이루는 원자와 분자에서부터 인간에 이르기까지 생명체의 크기 비교

세포 내 공생이론으로 진화론의 패러다임을 크게 바꿔버린 마
굴리스Lynn Margulis, 1938~2011는 "지구상의 생명현상 곳곳에는 정복
이 아니라 공생의 원리가 퍼져 있으며, 이를 통해 놀라운 비약이
이루어졌다"고 이야기한다. 생명의 기본단위인 세포들을 비교해
보면 단세포 생명인 박테리아에 비해 동물이나 식물 세포는 그 규
모가 수십 배로 커지고, 몸집의 크기도 기하급수적으로 증가해 비
교할 수 없는 수준으로 도약하였다. 그건 내부 구조가 그만큼 복잡
하고 정교해진 때문인데, 인간은 물론 식물과 동물의 세포에는 위
의 그림에서 보듯 에너지 발전소 노릇을 하는 미토콘드리아들이
살고 있어서, 이들은 세포 생태계 내부에서 양분을 취하고 에너지
를 배설한다. 미토콘드리아가 배출한 에너지는 각 세포들 안에서

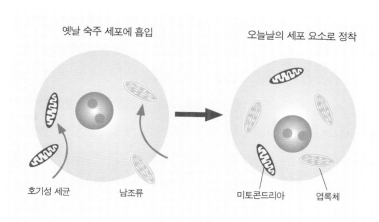

옛날 숙주 세포에 흡입   오늘날의 세포 요소로 정착

호기성 세균   남조류   미토콘드리아   엽록체

미토콘드리아와 엽록체라는 단세포 생명체가 오늘날 세포의 중요 기관이 되는 과정을 설명한 마굴리스의 '세포 내 공생 이론endosymbiosis'에 따르면 호기성 세균과 남조류는 수억 년의 진화를 통해 다른 세포의 몸 안에 사는 미토콘드리아와 엽록체로 변모하였다.

는 물론 우리 몸의 활동 전반에 소요되는 생명의 힘이다. 또 이들과 비할 수 없이 큰 지구생태계에서 녹색식물은 광합성을 하며 산소를 배출하고, 인간을 비롯해 산소 호흡을 하는 모든 생물은 그에 의존해 살아가는 반면, 이들의 배설물은 땅을 비옥하게 만들어 녹색식물의 양분이 되는 것과 마찬가지이다. 너의 쓰레기가 나를 살리는 양분이 되고, 내 쓰레기가 또 다른 너의 양분이 되니, 지구생태계 전체의 효율성은 이렇게 빈틈없이 쓰레기 없는 재활용의 길을 가며 지혜로운 공생의 방법을 통해 실현되는 것이다.

정말 놀라운 사실은 세포 활동에 필요한 에너지의 생성기관인 미토콘드리아가 아주 옛날에는 독립적으로 살아가던 박테리아의 일종이었는데 그의 숙주가 된 다른 박테리아에게 먹힌 이후 그 몸

안에 들어와 살면서 자기 복제를 하며 자손을 번식시키는 진화가 이루어졌다는 점이다. 이른바 광합성으로 태양에너지와 대기 중의 이산화탄소로 양분을 합성해내는 식물의 엽록체 또한 이와 같은 진화 과정을 겪은 세포 내 소기관organelle에 해당한다. 이들은 세포 안에서 각자의 유전자로 자기복제를 하는 별도의 생명체인데, 진화 과정에서 세포 안에 들어와 함께 살면서 기능으로나 규모로나 엄청난 생명의 도약이 이루어졌다는 게 마굴리스의 설명이다.

마굴리스는 삼엽충이나 공룡 화석을 근거로 수백만 년 혹은 수천만 년 동안 이루어진 진화를 설명하던 기존의 해석에서 벗어나, 세포들의 다양한 양상과 그 내부 구조를 관찰하며 수십억 년에 걸친 더욱 장대하고 복합적인 진화의 파노라마를 조명했다. 처음에는 터무니없는 이야기라고 조롱받았으나 증거들이 축적되며 '세포 내 공생endosymbiosis'은 이제 진화의 핵심적 사건으로 여겨지게 되었다. 이에 대해 마굴리스는 "남자들이 물리학적인 힘의 법칙으로 진화 현상을 이해하고 설명한 데 비해, 나는 생명체 내부에서 일어나는 생화학적인 조화와 절묘한 변화들에 주목했다"고 대비시킨다.[22] 뼈의 잔해가 아니라 바로 지금 진행 중인 생명의 현장, 즉 세포 안에서 벌어지는 사건들에 주목해 공생을 통한 비약적 진화의 이야기를 밝혀냈다는 뜻이다.

---

22 린 마굴리스 · 도리언 세이건, 《생명이란 무엇인가》, 황현숙 역, 지호, 1999; 린 마굴리스, 《공생자 행성》, 이한음 역, 사이언스북스, 2007.

꽃의 번식을 돕는 나비와 나비에게 꿀과 꽃가루를 주는 식물의 관계나 우리 내장 속 미생물의 활동 또한 공생의 지혜를 잘 보여준다. 아프리카의 아카시아 나무 이야기도 정말 흥미롭다. 코끼리는 아카시아 이파리를 매우 좋아해 아프리카 아카시아가 남아나질 않았는데, 웬일로 케냐 북쪽 고원지대에서 무성한 아카시아 숲이 확인되었다. 드레파놀로비움Drepanolobium이라는 변종의 아카시아로, 꼬리치레 개미Crematogaster들이 그 나무의 홈이 파인 뾰족한 끝을 서식지로 삼아 나무의 즙을 먹으며 살고 있었다. 그런데 코끼리가 이파리를 먹으려 코를 들이밀면 5mg도 안 되는 작은 개미들이 오글오글 코끼리의 코 속으로 기어들기 시작한다. 무게로 따지면 개미의 무려 10억 배가 넘는 코끼리 종족 전체가 그 괴로움을 체득했는지 이 나무 곁에는 결코 다가가지 않는다고 한다. 아프리카의 꼬리치레 개미와 드레파놀로비움 아카시아는 서로 돕는 방식으로 함께 진화하며 지속가능한 번식을 통해 생태계 전체의 균형을 지속시켜 가는 것이다.[23]

다양성의 이유

괴기스러운 독재자의 대명사 히틀러는 집권 후 3년 만에 600만 개의 일자리를 만들어 1936년 완전 고용을 이뤘는데, 특히 독일 남

---

23 T. Michael Anderson. "Community Ecology: Top-Down Turned Upside-Down", Goheen, Jacob R. & Palmer, Todd M. "Defensive plant-ants stabilize megaherbivore-driven landscape change in an African savanna", *Current Biology* Vol. 20, No.19. 2010.

아프리카 아카시아와 꼬리치레 개미

부 '검은 숲Schwarzwald'의 식목 사업은 훌륭한 사례로 꼽히곤 했다. 그들의 작전은 '쓸모없는' 나무들을 죄다 뽑아내고, 가장 생산성이 높은 수종을 선정해 가장 알맞은 간격을 계산해서 일렬로 심는 것이었다. 실업자를 동원해 성장률 최고, 수익성 최고인 나무들로 엄선한 최상의 숲 조성, 결과적으로 이들은 똑같이 훌륭해졌다. 더이상 훌륭할 수는 없을 것 같았다. 하지만 쓸모없는 나무들이었다면 크게 영향받지 않았을 돌림병 하나로 모두 똑같이 일렬로 고꾸라졌다. 빛이 들어올 수 없을 정도로 나무가 빽빽해서 검은 숲이라 불리던 오래된 숲에, 조급한 인간의 안목으로 가치를 셈하고 감행한 승자독식의 결과치고는 몹시 허무하고 참담했다.

고양이 과의 동물 중에 제일 빠른 치타가 곧 멸종할 거라고 한다. 이유는 유전자의 다양성이 임계점 이하로 떨어졌기 때문이란다. 현재 생존한 소수의 치타로는 교배를 통해 지속적으로 진화할 수 있는 유전적 다양성을 상실해 치타라는 종species은 곧 지구상에서 소멸하리라는 예측이다. 장대한 진화의 서사시와 관련해서 마굴리스는 가장 극적인 사건으로 '성sex의 출현'을 꼽는다. 10억 년 넘게 지구상의 생물은 무성asexual 생식으로 자손을 번식시켰다. 아주 가끔 '돌연변이'라는 실수를 통해 약간의 다양성을 획득할 뿐 어미의 유전자와 후손들의 유전자가 대대손손 크게 변하지 않았다. 그런데 20억 년 전 '성性'이라는 무모하고도 위험한 돌연변이의 출현 이후, 후손들 모양새가 급격히 달라지며 폭발적으로 종의 다양성이 늘었다. 한 배 속에서 나온, 같은 부모를 둔 자식들이 얼마나 제각각인지를 떠올리면 '성의 활약'이 다양성의 확산에 어떤 영향을 끼쳤는지 공감할 수 있을 것이다.

진화생물학자인 굴드Stephen Jay Gould, 1941~2002는 "진화는 진보가 아니라 다양성의 증가"라고 강조하며,[24] 만약에 '적자생존'을 '강자생존'으로 이해하면 가장 진화한 종은 박테리아라는, 정신이 번쩍 나는 설명을 한다. 지구상에는 어떤 종種보다 훨씬 더 많은 수의 박테리아가 더 다채로운 장소에서 더 다양한 물질대사를 하고 있으며, 다른 모든 생물 종을 합친 것보다 훨씬 더 무겁다는 것이

24 스티븐 제이 굴드, 《풀하우스》, 이명희 역, 사이언스북스, 2002.

다. 자연선택의 핵심은 개체의 강함이 아니라 '다양성'이다. 아마도 나치 시절 히틀러 총통 주변의 협력자들은 생태계의 기본 원리, 즉 다양성의 원리에 무지했던 모양이다.

이와는 대조적으로 사마천司馬遷. B.C. 145?~86?의 《사기史記》에 딸린 왕조의 재정 내역을 정리한 〈식화지食貨志〉에는 지금으로부터 3,000년 전인 주周나라의 농사 정책에 대한 이야기가 나오는데, 이들은 이미 다양성의 힘을 정확하게 인식했음이 확인된다. 주나라 제도는 곡식을 심을 때 반드시 여러 곡식, 즉 오곡을 섞어 심도록 했다.25 이는 재해에 대비한 방책이었다. 가장 맛있고 가장 생산력이 높은 곡식을 선정해서, 예컨대 통일벼를 찾아 그것으로 획일화시킨 게 아니라 다양성을 허용하며 환경 변화에 따른 몰살부터 예방한 것이다.

이는 시장의 새로운 이해와도 관련이 깊다. 요즘은 사업의 기획 단계부터 '차별화'의 중요성이 강조된다. 시장이라는 생태계에서 이전에 없던 자리를 찾아내고 싶은 것이다. 애덤 스미스를 통해서 철학과 정치학 사이에 새로운 틈새가 생겨 경제학이라는 새로운 분야가 등장했으나, 이런 과정에서 철학과 정치학은 뭔가 빼앗긴 것이 아니라 이런 교류를 통해서 서로의 이해를 돕고 각자의 내용을 더 풍성하게 할 수 있었다. 즉 그건 누군가를 밀어내고 차지하는 물리적 공간이기보다는 밝은 눈과 열린 귀로 찾아내는 다른 차

---

25 http://ctext.org/han-shu/shi-huo-zhi/zh

원의 틈새일 때가 많다.

유기론적 생태주의 관점에서 보면, '무한경쟁을 통한 승자독식'
은 검은 숲의 비극에서 확인되듯 다양성의 상실, 궁극적으로 공멸
을 향한 지름길이다. 이 시대의 이데올로기가 된 무한경쟁과 승자
독식은 하나를 놓고 여럿이 끝까지 다투는 형국이나, 이는 자연생
태계에서는 생겨날 수도 존립할 수도 없는 현상이다. 생명은 본질
적으로 세세대대 환경에 적응하여 서로 달라지는 전략으로 스스로
를 차별화하며 새로운 틈새를 찾아내기 때문이다. 여기서 각각의
틈새는 더 많은 다른 틈새들과 서로 주고받을 것이 많아질수록 더
복잡하고 견고한 시스템을 갖추게 되고 그럴수록 더 건강해진다.
그러므로 유기론적 생태주의 관점에서 무한경쟁과 적자생존은 더
이상 배타적이거나 모순을 내포하는 개념이 아니라, 다양한 개체
들의 공존과 공생을 의미하는 것이다.

공유지의 비극

애덤 스미스가 이야기한 이른바 '보이지 않는 손'을 전적으로 신뢰
하는 '시장경제'는 경제 주체들이 시장 가격에 따라 합리적으로 소
비와 생산을 선택하는 가운데 경제 문제가 저절로 해결된다고 보
는 관점이다. 하지만 존재의 불안에 쫓기면서 사는 사람들이 북적
대는 오늘날의 시장에서 모든 문제가 저절로 해결되게 내버려둔다
면 시장경제는 지속될 수 없다. 그건 애덤 스미스가 말하는 원활하
게 돌아가는 시장경제의 맥락과는 전혀 다른 상황이다. 오늘날 우

관리의 손길이 닿지 않은 채 파국을 맞게 된 공유지의 현실-공유지의 비극

리 눈앞에서 벌어지는 현실 그대로, 무분별한 개발은 환경 파괴를 가져오고 무한경쟁은 인간소외 및 양극화의 부작용을 낳게 마련이라 머지않아 공멸의 길로 접어들기 십상이다. 그와 관련한 극단적 현상인 이른바 '공유지의 비극'을 살펴보자.

공유지의 비극이란 '지하자원, 초원, 공기, 바다의 고기와 같이 함께 나눠 써야 할 생태계의 자원을 마구잡이로 소모하다 결국 고갈의 위험에 처한다'는 뜻이다. 생물학자 하딘Garrett Hardin, 1915~2003 이 그럴 수밖에 없는 이유를 수학적으로 풀어 1968년 과학 잡지 《사이언스Science》에 〈공유지의 비극The Tragedy of the Commons〉이란 제목으로 게재했다.

어떤 마을에 100마리의 소를 기를 수 있는 공동의 땅이 있을 때, 각 농가는 자신의 소를 이 공유지에서 가능한 한 많이 키우려 할 것이다. 하지만 이곳에서 100마리 이상 소를 기르면 풀이 다시 자라지 못해 황폐해진다. 따라서 마을의 농가는 모두 100마리가 넘지 않는 선에서 소를 먹여야 한다. 각 농가는 공유지에 자신의 소를 더 방목해서 생기는 이익과 비용을 비교해서, 이익이 비용보다 많다면 더 방목하는 것이 합리적이다. 반대로 비용이 이익보다 크면 더 이상 방목하지 않는다. 농가의 이익은 소를 길러 파는 돈인데, 이를 100만 원이라 가정하고, 만일 마을의 농가가 부담하는 비용이 100만 원 이상이면, 각 농가는 공유지에서 더 이상 방목하지 않을 것이다. 그러나 추가 방목으로 얻는 이익은 각 농가가 차지하지만 비용은 다른 농가와 함께 부담하니까, 각 농가의 부담 비용은 크지 않다. 따라서 각 농가의 이익은 비용보다 커서 농가들은 공유지에서 소를 더 기르게 된다. 이런 현상이 계속되면 공유지에는 어떤 소도 기를 수 없게 된다. 황무지가 되는 것이다. 개인의 이익 추구가 모두의 이익을 깎아내리는 현상이 발생하는 것이다.[26]

하딘은 개인주의적인 사리사욕이 결국 공동체 전체를 파국으로 몰고 간다는 것을 이야기했다. "목축지나 냇가에 사는 동물이나 식물, 대지의 공기나 지하자원 등 지역 주민이 함께 사용해야 할

---

26 *Science* 13, Vol. 162, 1968.

자원을 개인의 이익 추구 중심으로 돌아가는 시장에 맡길 경우, 사람들은 이를 남용해 자원이 고갈되는 위험이 있다"는 것이다. 한편 인구증가는 자원의 부족을 가져오는데, 복지국가에서 자녀 수가 제한되지 않는 것은 자녀 양육을 가정에서 책임지지 않고 국가가 보호해주기 때문이라고 비판하면서, 하딘은 진정한 자유란 개개인들에게 책임영역을 명확히 해주고 그 안에서 자유를 갖게 해야 한다고 주장했다. 일종의 도덕적 해이moral hazard를 경계한 것인데, 그의 경우는 국가의 규제나 복지국가 모델보다는 미국식 자유주의적 관점에서의 사유화, 민영화를 선호한 것으로 보인다. 끊임없이 자기 이익과 권리의 극대화를 추구한다면 결국 나를 포함해 공동체 전부가 피해를 입는다는 사실을 일깨우는 공유지의 비극, 이는 정녕 애덤 스미스가 기대한 '누이 좋고 매부 좋은 결과'와는 상반되는 것이다. 이런 모순을 어떻게 이해하고, 또 해결할 것인가? 우리가 사는 세상은 늘 이러한가? 인구가 늘어나는 곳에는 항상 공유지의 비극이 따르게 마련인가? 정부의 직접 관리 혹은 아무런 제재도 없이 시장에 그대로 맡기는 것, 이 둘 중 하나밖에 다른 대안은 없는 것일까?

시장과 정부의 이분법

대표적인 경제 정책으로 자유시장이냐 아니면 정부의 개입이냐, 이 두 가지를 이야기한다. 이분법적 사고를 극복하자고 말하긴 하지만, 각각의 내용에 어떤 차이와 특성이 있는지 두 노선을 대표하는 케인스John Maynard Keynes, 1883~1946와 하이에크Friedrich August Hayek, 1899~1992의 대조적인 입장을 먼저 확인해보자. 백 년 남짓한 세월, 두 인물은 어느덧 경제학의 양대 산맥으로, 경제뿐 아니라 정치 노선의 대명사로도 불리게 되었다.

케인스의 전설은 미국 대공황에서 비롯한다. 1920년대 상승일로였던 미국 경제는 주식시장도 호황을 기록하며 경제적 번영이 영원할 것 같았다. 상품 판매가 내리막인데도 주가는 여전히 상승세였다. 경제학자들은 머지않아 애덤 스미스의 보이지 않는 손, '저절로 조정되는 시장경제'가 작동되리라 믿었다. 그러나 그러지 않았다. 주식시장에 투매가 시작되자 1929년 10월 24일 이른바

시장경제와 정부의 역할

〈개입주의〉
정부의 경제 개입을 지지

케인스
John Maynard Keynes,
1883~1946

VS.

〈신자유주의〉
계획경제 비판, 자유시장 중시

하이에크
Friedrich August Hayek,
1899~1992

'검은 목요일', 뉴욕 주식시장의 대폭락 이후 전 세계적으로 주가 폭락과 시장붕괴가 이어졌다. 생산을 줄이니 고용도 줄고, 은행에서 인출 사태가 벌어지자 연방준비은행은 통화 긴축으로 상황을 개선하려 했다. 하지만 이는 기업의 생산 활동을 위축시켜 불안이 커졌고 공황은 더욱 악화되었다. 여파는 전 세계로 확산되었고 팽창 일로였던 자본주의 경제 기반이 무너지는, 세계적으로 걷잡을 수 없는 혼란을 겪어야 했다.[27] 1936년 케인스는 이러한 악순환을 멈출 방법을 제시하는 다섯 권짜리 책《고용, 이자 및 화폐에 관한 일반 이론The General Theory & Employment, Interest and Money》을 내놓는다. 완전고용을 통해 구매할 수 있는 수요를 늘리면 경제가 저절로 살아나 공황에서 벗어날 수 있다는 논리였다. 이를 위해서는 정부가 재정지출을 확대해 일자리를 만들어야 하며 자유방임주의에 맡겨 놓을 것이 아니라 정부의 적극적인 보완책(공공지출)이 필요하다는 얘기였다. 미국 대통령 루스벨트Theodore Franklin Roosevelt, 1882~1945는 정부의 경제 개입을 주장하는 케인스의 이론을 따르는 뉴딜New Deal 정책을 세웠다. 실업자와 굶주리는 사람을 위해 복지정책을 마련하고 댐과 고속도로 등의 건설사업을 기획해 일자리를 만들되 '전례 없이 강력한' 규제방안을 실시하였다. 그 결과 경

---

27 1차 세계대전 이후 기사회생한 독일 경제도 파국을 맞아 1932년 600만에 이른 독일의 실업자는 히틀러의 꾐으로 나치당을 환호한다. 영국과 프랑스는 그 부담을 식민지에 떠넘기고 그 여파는 아시아와 중남미 국가들의 짐이 되어 잇단 쿠데타와 그에 따른 군사독재 등 혼란으로 이어졌다. 일본 역시 629개의 기업이 도산하자 식민지였던 조선은 아예 그들의 병참기지가 되어 부엌의 솥과 냄비가 뜯겨져 나갈 정도로 이 무렵 수탈은 더 가혹해졌다.

제 회복은 물론 이후 40년 동안 미국 경제의 유례없는 호황을 가능하게 했으며, 케인스 노선은 여러 복지국가들에서 경제정책의 기본이 되었다.

같은 사안을 놓고도 관점에 따라 그 내용이 전혀 다르게 보이고, 다르게 해석될 수 있다. 오늘날 신자유주의Neoliberalism의 대부로 불리는 하이에크는 1944년《노예의 길The Road to Serfdom》에서 케인스 식 경제정책은 사회주의를 거쳐 파시즘으로 갈 수밖에 없는 전체주의적 위험을 내포한다고 경고했다. 계획경제는 아무리 의도가 좋아도 결국 폭정을 초래하는 길로 가기 때문에 이를 방지하려면 시간이 걸려도 시장의 조정 능력을 믿고 경제적 '자유'를 수호해야 한다는 것이다. 1970년대 두 차례 석유파동 이후 경기 침체와 물가앙등이 겹치는 세계적 경제 위기가 시작된다. 하이에크는 시장에는 자연스러운 회복력이 작동하게 마련인데 그런 시장경제의 발목을 잡는 게 바로 복지정책이라며 강력히 비판했다.

정부의 개입이 경제의 효율성과 형평성을 악화한다는 그의 주장은 1979년 영국의 수상이 된 대처Margaret Thatcher, 1925~2013의 노선이 되었고, 2년 후 1981년 미국 대통령이 된 레이건Ronald Reagan, 1911~2004도 같은 노선을 따랐다. 여기서 더 나아가 정부의 역할과 몸집을 줄이는 대신 자유방임주의로 시장을 살리고, 특히 경제를 회생시키기 위해서는 경제활동을 규제하는 정책들을 모두 없애라는 프리드먼Milton Friedman, 1912~2006의 주장에 따라 공기업의 민영화, 노동시장의 유연화, 공공복지의 축소 등 더욱 본격적으로 이른바 자유주의를 표방하는 '레이거노믹스Reaganomics' 시대가 열렸다. 그리고 WTO 체제 도입과 FTA 확장으로 무역 장벽을 철폐하니, 정치와 경제 배경이 전혀 다른 지역들 사이의 물자 교류가 폭발적으로 늘어나 세계 경제가 호황을 구가하는 듯했다. 그러나 이와 동시에 한편으로는 세계적인 양극화의 심화, 실업과 불황, 환경파괴, 나아가 윤리의식의 약화와 인간성의 황폐화 등이 도미노처럼 이어졌다. 특히 21세기에 들어와 금융위기와 재정위기, 그리고 전 세계적인 경기 침체를 겪으면서 신자유주의는 아예 지구상의 공공의 적이 되었고, 더 이상 스스로를 주체하지 못할 정도로 위기상황에 처해 있다. 이를 해소할 대안이 시급한 현실이다.

공유지의 비극을 넘어서

인디애나대학에 재직하다 2012년 작고한 엘리너 오스트롬Elinor Ostrom, 1933~2012은 2009년 여성으로는 최초로 그리고 유일하게 노벨경제학상을 수상했다. 그녀는 정부가 따로 규제하지 않고, 또 사유재산화하지 않아도 지역 주민 공동의 노력으로 숲이나 강과 바다 같은 공유 자원을 충실하게 관리하고 발전시킨 사례들과 방법을 세계 도처에서 찾아냈다. 1990년의 저서 《공유의 비극을 넘어Governing the Commons》에는 여러 공동체의 성공 사례와 이들을 이론적으로 분석한 성공 원리들이 실려 있다. 1968년 하딘의 연구로 추론한 〈공유지의 비극The Tragedy of the Commons〉이 인간 공동체의 불가피한 현실로 여겨지면서, 해법을 찾는 일조차 포기해버렸

던 셈인데 오스트롬은 이에 대해
분명한 반론을 내놓았다. 이는 인
간에 대한 기본 이해가 이전과는
크게 달라질 수 있는 단서이기도
하다. 특정한 조건에서는 공동체
구성원이 더 이상의 어리석음이
나 비극을 저지르지 않는다는 사
실을 확인했기 때문이다.

엘리너 오스트롬(1933~2012)

　스위스와 일본의 몇몇 마을의
경우 수백 년 전 시작된 고산지대
의 목초지와 산림을 공동으로 소유하고 함께 관리하는 전통이 아
직도 꾸준하게 이어진다. 스페인의 발렌시아와 무르시아, 알리칸
테 등 지중해 연안의 마을은 강우량이 매우 적은데 중세 이슬람 왕
국 시절에 설치했던 관개시설을 아직도 탈 없이 공동으로 관리하
며 활용하고 있다. 필리핀 서북 지역 농부들이 토지며 물의 관리를
공동으로 꾸려가는 수많은 잔제라Zanjera 전통에서도 주민들은 상
부상조로 토지와 수자원 등의 자원을 지혜롭게 나눠 쓰면서 공유
지의 비극을 충분히 예방한다. 공동체 구성원들의 '자발성'과 '원
칙'의 엄격한 고수, 이 두 가지 원리로 수백 년이 넘는 세월 동안
마을 공동체들이 건강하게 지속되어올 수 있었음을 밝힌 것이다.
정치학자인 그녀의 작업은 사실상 경제학의 일반적 믿음을 뒤흔든
사건이었다. 그녀는 '정부 아니면 시장'의 선택 말고 다른 대안이

없는 줄만 알았던 이분법의 딜레마를 벗어나는 역설의 지혜가 엄연히 존재하고 있음을 확인하고 이를 알린 것이었다.

제도가 '시장'과 '국가'의 도식적인 이분법에서처럼 완전히 사적이거나 완전히 공적인 경우는 거의 없다. 많은 성공적인 공유 자원 제도는 사적인 것처럼 보이는 제도들과 공적인 것처럼 보이는 제도들의 풍부한 혼합물이기 때문에 경직된 이분법의 틀에 들어맞지 않는다. … 어느 시장도 공적인 제도의 뒷받침 없이는 존속할 수 없다. 실제 상황에서 공적인 제도와 사적인 제도는 별도의 세계에 있다기보다는 서로 얽혀서 상호 의존적으로 존재한다.[28]

오스트롬의 소개로 세간에 유명해진 알프스의 산골 마을 퇴르벨의 경우 '여름철 초지에 내보낼 수 있는 소의 수는 겨울철에 자신이 사육할 수 있는 소의 수만큼 허용된다'라는 벌써 500년이 넘은 규정이 아직도 지켜지고 있다. 자기 몫 이상을 차지하려는 시도가 있으면 대단히 무거운 벌칙을 부가하는데, 원칙이 확고하며 철저히 시행돼오고 있다. 규칙을 세우고 이를 지키는 일은 공동체의 지속가능한 발전의 기초이기 때문이다.

두레와 향약, 계를 통해 마을의 자치권을 발휘한 조선시대 전통에도 마땅한 규약들을 세우고 마을 살림을 함께 꾸렸던 사례는 제

28 엘리너 오스트롬, 《공유의 비극을 넘어》, 윤홍근 역, 랜덤하우스, 2010.

공유지의 비극을 넘어서-퇴르벨 마을

법 많다. 예를 들어 조선 초기 〈상춘곡〉의 저자 정극인丁克仁. 1401~
1481은 유교의 이상을 실현할 양반 중심의 공동체를 꿈꾸며, 상호
부조의 원칙을 항목별로 밝힌 향약鄕約을 세운 바 있다. 조선 최고
의 유학자 퇴계退溪. 1501~1570와 율곡栗谷. 1536~1584도 유학의 가르침
을 보급하고 상부상조하며 마을의 결속을 도모하는 자치적 규율,
대동계의 확산을 옹호했다. 마을 행사나 궂은일이 생길 경우 집안
형편에 따라 얼마씩 추렴해 서로 돕고, 마을에 필요한 학교를 짓기
도 했다. 17세기 이후에는 일반 백성도 참여해 마을 구성원의 결
속을 다졌음을 알 수 있는 내용이 기록으로 남아 전해진다. 예를
들어 숲과 관련한 갈등은 특히 빈번한데, 마을에서 누군가 이사를
나갈 경우 권리를 상실하는 산림에 대한 배타적 이용 및 점유권도
규정해두었다. 규장각 자료 중에서 〈금송계좌목禁松契座目〉은 오늘

조선시대 향촌사회의 자치규약인 〈향약〉

날의 경기도 평택시 가재동에 살았던 계원들의 신상이며 역할 및 가구별로 갹출한 금액까지 그 기록이 상세하다. 이를 보면 소나무 숲의 관리는 중앙 정부와 마을의 이해가 상충하고 있음을 알 수 있다.[29] 가장 쓰임새가 좋은 소나무에 대해서는 누구도 함부로 손대지 못하도록 엄금한 중앙 정부의 규제가 과했던 탓이었다. 다산 정약용丁若鏞. 1762~1836의 18년 강진 유배 시절 저서 중 대표 격인 《목민심서牧民心書》에도 국정 난맥에 따르는 '공유지의 비극'에 대한 논의가 등장한다.

우리나라의 산림정책은 소나무 채취를 막는 조목만 있을 뿐, 전나무와 잣나무, 단풍나무와 비자나무에 대해서는 문제 삼지 않았다. 소나무에 대한 법례만 너무도 엄중하고 조목들도 치밀해 산 사람을 키우고 죽은 사람을 장사지내는 백성의 일용물자를 한 구멍도 터놓지 않고 사방을 꽉 막으니 그 형세가 둑이 터지는 모양새와 다를 바 없다. 혹 빈말로 금령禁令을 내리고 혹 법조문을 세워 죄를 다스려도 산림은 날로 벌거

---

29 한미라, 〈조선 후기 가좌동 금송계의 운영과 기능〉, 《역사민속학 35》, 2011.

숭이가 되고 재용財用은 날로 더 부족하여 위로는 국가재정에 도움이 되지 못하고 아래로는 백성의 수요를 충족시키지 못한다.[30]

공유지의 비극을 해결하지 못했다는 얘기임을 알 수 있다.《정조실록》1798년 10월 13일에는 "공공의 산이나 개인의 산이나 모두 헐벗은 곳뿐이니 정말 걱정이 아닐 수 없다"는 기록이 있다. 정조의 서거 후 흑산도에서 유배생활을 하던 다산의 형 정약전丁若銓, 1758~1816이 작성했던《송정사의松政私議》에는 "땅에서 한두 자쯤 자라기 무섭게 나무꾼들이 낫을 들고 달려드니 재목이 궁하지 않을 수가 없다"면서 "소나무 벌채를 금하는 지방관리의 송금松禁 권한을 축소하고 대신 소나무 식목을 권장해야 한다"는 대안이 실려 있다. 하지만 그 정도의 총론만으로는 기대하는 결과를 얻을 수 없을 것이다. 최근까지도 두레의 전통을 회복하자는 말은 종종 들리지만 이전의 전통을 고스란히 살려낼 수도 없고, 사실상 그것만으로 문제가 해결되지는 않는다. 이 시대에 맞는 새로운 양식을 찾아야 하는데, 이런 맥락에서 오스트롬의 분석 결과와 그녀가 제시하는 대안은 각별한 의미가 있다.

사회적 자본의 공유 조건

오스트롬은 분홍빛 전망뿐만 아니라 반대 사례들도 찾아 세부 사

---

30 정약용,《목민심서》, 솔, 1998.

항을 비교하며, 공유 자원을 성공적으로 관리하는 구체적 요령을 제시한다. 무엇보다 '우리'가 누구인지 확고하게 정의되어야 한다고 못 박으며, 그 점만 명확하면 사람들은 규칙을 지키고 상호 협력하는 관계로 들어선다고 강조한다. 공동체 구성원이 개별 행동을 삼가고 서로에 의해 조율된 전략을 선택하는 식이어야 하며, "사람은 함께 일한다. 그것이 사회적 자본이다"라고 역설한다. 그녀의 주장과 성공적인 관리 요령을 들여다보면, 조선시대와 같이 신분제라는 제약에 사유가 묶여 있는 상황에서는 그런 식의 자발성과 결속력이 생겨날 수 없었으리라 여겨진다. 뒤에서 다룰 모든 인간의 '존재론적 평등성'이 곧 이런 공유지의 비극을 사전에 예방할 수 있는 조건인데, 신분제 혹은 제왕적 리더가 지배하는 사회에서는 그런 자각이 힘들 뿐 아니라 서로가 더욱더 불행해지기 때문이다. 아름다운 섬, 제주도의 성공사례에서 이는 더 선명히 드러난다.

제주에서 연안 지역은 바다도 역시 중요한 공유지이다. '우리 바당(바다)'의 자원은 마을 여성의 몫이라는 불문율이 있어왔고, 1962년 어촌계가 성립되기 전에도 바다 자원은 잠녀의 공동 소유였다. 요즘은 이들의 벌이 정도면 충분히 스쿠버 복장을 할 수 있지만 내내 이어온 선배들처럼 아직도 조촐한 해녀복 차림으로 물에 들어가고 더 많은 해산물을 채취할 욕심을 내지 않는다. 물질에는 오랜 경험에서 나오는 바다 속 생태에 대한 총체적 지식이 필요

물질 가는 제주 잠녀들 ⓒ김흥구

하고, 혼자 움직이면 감당할 수 없는 위험이 수시로 벌어지기 때문이다. 이 사실을 명확하게 아는 잠녀들은 선배들의 전통을 따르며 매사 공동으로 대처한다. 예를 들어 잠녀의 달력을 만들어 산란기에는 소라의 채집을 금지해서 씨가 마르는 일이 없게 한다. 해양 자원의 남획에 동원될 싹쓸이 장비의 도입 따위에도 공동으로 대처하며 저지한다. 물질을 하다 보면 경쟁도 생기고 실력에 따라 채취하는 양도 다르지만, 개인의 능력에 따른 차이를 순순히 수용하기에, '우리 바다' 생명의 지속가능성을 소중하게 지켜가는 것이다. 이들은 소수의 독점보다 다수가 나눠 갖는 식으로 자원을 유지하는 관행을 여전히 고수한다.[31]

이들 사례에서 자발성에 기초한 몇 가지의 규칙, 기본적인 원칙을 고수하면 정부의 개입 혹은 시장에 기초한 자유방임 방식이 아니어도 수백 년이 넘도록 공동체가 유지된다는 사실이 확인된다. 우리 미래에 이보다 더 큰 희망의 단서가 있을까 싶을 만큼, 이는 굉장한 발견이다. 구성원의 마음을 모아 공동체를 함께 꾸리는 일, 이것은 사회 구성원 각자가 꾸준하게 세상과 자신을 돌아보며 스스로의 건강과 행복을 추구할 수 있을 때, 즉 사회의 개인들이 상황 인식을 공유하고 함께 움직일 수 있을 만큼 깨어 있어야만 가능한 것이다.

---

31 안미정, 〈해안 마을 여성의 공동 어로와 자원에 대한 권리〉, 《지방사와 지방문화 10》, 2007.

애덤 스미스가 250년 전 《도덕감정론》에서 상정했던 공감하는 개인, 사회적 개인은 요즘 말로 의식이 있는, 깨어 있는 개인이다. 요즘은 한국뿐 아니라 전 세계적으로 점점 더 끔찍하고 비극적인 사건들이 하루가 멀다 하고 터진다. 우리의 기본 상식마저 위협하는 현실과 힘의 논리가 그 어느 시기보다 막강하고 교묘하게 세상 전체를 흔들어대며, 인류공동체뿐만 아니라 지구생태계 자체를 위협하는 시대가 되어버렸다. 나는 이런 상황이야말로 더 많은 개인들이 정신적으로 성장하고 영적으로 성숙하여 각성의 시대에 맞는 역설적 지혜들을 찾아낼 수 있는 좋은 기회라고 본다. 이러한 각성과 성숙을 통하여 우리는 시장경제의 자유방임주의 아니면 정부의 규제, 이 서로 모순되는 두 가지 가운데 오로지 하나밖에 없다는 이분법적 사고에서 벗어날 수가 있다.

공유경제와 지속가능성

공유지의 비극은, 남이 가져간 만큼 나는 잃을 수밖에 없다는 불안과 두려움으로 '만인에 의한 만인의 투쟁'을 벌이며 살 수밖에 없다는 인간의 불가피한 숙명의 원리를 밝힌 생물학자 하딘의 작업이었다. 이런 난제를 수백 년이 넘도록 슬기롭게 풀어가는 사례를 제시하며 오스트롬이 그에 필요한 원칙과 해법을 설파하는 동안, 세계적으로 급격히 확산되는 정보사회 네트워크는 '소유'의 전통적 개념 자체를 전혀 다른 차원으로 가져가고 있다. 특정 지역의 주민들이 수백 년 넘도록 지속가능한 살림을 꾸려가는 사례로서의

'공유경제'를 제러미 리프킨Jeremy Rifkin, 1945~은 아예 인류가 맞이할 대안문명의 새로운 이름으로 대체시키고 있다. 그에 따르면 이미 세계는 공유사회로 전환 중이다. 세계적인 금융위기를 거치며 자본주의의 한계를 극복할 대안으로 각광받게 된 나눔경제sharing economy 혹은 협력적인 공유경제collaborative economy는 특히 젊은이들의 생활 속에 자리 잡으면서 집에서 대학 강의를 듣고, 공공의 자전거를 타고 공유 공간co-working space으로 출근하고, 새로운 이웃들과 밥을 먹으며 경험을 공유하는 '공유족'까지 탄생했다. 리프킨은 가수 싸이가 유튜브를 통해 수십억 명의 사람에게 비용을 거의 들이지 않고 자신의 콘텐츠를 공유한 사실을 예로 들며,[32] '물건 하나 더 만들 때 드는 추가 생산비용', 즉 한계비용이 거의 들지 않는 생활품목이 크게 확대되고 있다는 점을 강조한다.[33]

공유경제의 확산은 무엇보다 국경의 장벽이 사라지는 온라인상의 교류와 맞물리면서 이전과는 정말 다른 방식의 시장이 펼쳐지는 추세이다. 그러므로 앞에서 살펴본 시장경제의 자유방임주의 아니면 정부의 규제, 이렇게 대립되는 입장을 상호모순이 아닌 서로 보완되는 역설의 관계로 바꿔낼 수 있는 시기가 무르익었다고도 주장할 수 있겠다. 이와 관련해 시장에 대한 새로운 관점을 다시 상기할 필요가 있다. 시장경제의 자유방임주의와 정부

---

32 연합뉴스, 2014년 10월 15일 기사.
33 제러미 리프킨, 《한계비용 제로 사회》, 안진환 역, 민음사, 2014.

의 규제, 이 두 가지는 서로 대립되는 입장이나 한편으로는 근대적인 사유의 상징인 기계론적 이성주의에 뿌리를 둔다는 점에서, 그리고 40~50년 이상을 지속하지 못한 채 와해된다는 점에서도 공통적이다.

그에 비해 유기론적 생태주의 관점에서 시장을 파악한다면, 이야기는 전혀 다른 것이 된다. 앞서 '다양성의 이유'에서도 설명했듯 무한경쟁의 목표도, 적자생존의 의미도 유기론적 생태주의 관점에서는 종전과 달라진다. 여기서 무엇보다 주목할 점은 생태계의 '건강' 및 '지속가능성sustainability'인데, 이를 원래 생물학에서 출발했던 시스템이론[34]의 방식으로 다시 정리해보고자 한다. 초기의 시스템이론에서는 생명을 기계적 분석의 대상을 넘어 그 요소들 사이의 상관관계 및 환경과의 상호작용에 초점을 맞춰 전체적인 작동원리를 규명하고자 했다. 그런데 필자는 이런 시스템적 접근법의 대상을 개별 생명체가 아닌 생태계 전반으로 확장하고자 한다. 이렇게 함으로써 시장생태계의 효용 극대화를 확보할 수 있다고 보기 때문이다.

시스템이론에 기반한 지속가능성의 핵심원리를 두 가지로 요약하면,

---

34 오스트리아의 생물학자 베르탈란피(Ludwig von Bertalanffy, 1901~1972)의 《일반시스템이론(General Systems Theory)》(1968) 출간 이후 이는 전체의 작동을 이해하는 데 요긴한 방법론으로 생물학뿐만 아니라 사회과학에서도 여러 분야에서 채택되고 나름의 방식으로 다양하게 진화되었다.

첫째, 생태계의 모든 요소는 적정한 규모가 있어, 그중 일부가 과잉되면 생태계 전체의 균형이 흔들린다. 이를 통제하지 못하면 무한 증식하는 암세포처럼 조만간 생태계 전체의 괴멸 상태를 초래할 수 있다.

둘째, 생태계의 힘은 다양성이라, 종류가 많을수록 '지속가능성'도 증대된다. 이들 사이의 관계가 더욱 다양해지고, 서로의 자원이 더 많이 재활용될수록 생명의 순환 양식도 다양하고 활발해져 더욱 건강한 생태계가 된다.

이 두 가지 원리를 토대로, '시장이 건강하다'는 말은 우리 삶의 풍요로움이 상품 거래량의 증가에 국한되는 것이 아님을 알 수 있다. 이 원리에 비춰보자면 오늘날 한국의 시장생태계는 적정 규모라는 첫째 원리를 아랑곳하지 않은 탓에 점점 활기를 잃어가고 있다는 진단을 내릴 수 있다. 자기조절 능력을 잃어버린 채 세포증식이 계속되는 암은 현대인의 건강을 위협하는 가장 심각한 병들 중하나이다. 세포의 자기조절 능력 중에는 스스로의 활동을 멈춘 채죽음을 자초하는 생명의 기제가 있다. 예를 들어 줄어드는 일조량을 대비해 나무는 특정 세포들의 기능을 차단시켜 먼저 단풍이 들고 결국 제 몸의 이파리들을 떨어뜨린다. 그렇게 하지 않으면 겨울을 버틸 수 없기 때문이다. 또 방사선이나 화학약품과의 접촉, 감염 등에 따라 유전자가 심각하게 변형될 조짐이 나타나면 사전 경보장치를 발령시켜 '세포자살apoptosis'[35]을 감행한다. 이런 과정이 원활하지 않을 경우 곧 무한 증식하는 암세포로 변질된다고 한다. 생태론적 관점에서 무한 성장과 무한 번식은 생명의 특성이 아니라 공멸을 자초하는 반생명적 위험신호인 셈이다. 요즘은 암세포의 무한 증식을 멈추게 하는 '세포자살'의 기제를 응용해 암을 치료하는 연구들도 진행되고 있다.[36]

현재 한국의 시장생태계는 다양성의 잠재적 힘을 살려내지 못한다는 점에서 두 번째 생명의 원리와도 크게 어긋난다. 시장생태계의 특정한 서식지를 차지한 건강한 생명체로서 나머지 생명들과 공생해야 할 기업들이, 이를테면 중공업에서 첨단 IT산업, 의식주의 모든 사업 영역을 망라하고, 거기에다 거대한 금융과 유통까지 장악하면서 스스로 시장생태계가 되려고 한다면, 이는 다양성과 공생이라는 생태계 발전의 기본 원칙을 무시하는 것으로서 조만간 공멸의 길로 접어들 수 있는 대단히 난감한 현상이다.

그에 비해 앞에서 오스트롬이 정리한 바에 따르면 500년 넘게 지속되는 공동체의 특징, 그녀가 여러 번 강조한 자발성과 원칙의 고수, 이는 생태계의 특성과 고스란히 일치한다. 종의 다양성과 이들 사이의 수많은 관계 맺기도 생태계의 지속가능성을 증대시키는

---

35 그리스어에서 '떨어진' 이라는 뜻의 전치사 apo와 '내려감' 이라는 뜻의 ptosis가 결합된 apoptosis는 원래 낙엽처럼 뭔가가 '떨어져 내린다' 는 뜻인데, 우리말로는 '세포자살' 이라고 번역해 쓴다.

36 Nick Lane, *Power, Sex, Suicide*, Oxford University Press, 2006.

1713년 독일어판 《숲의 살림》 표지

주요 특성인데, 생태계에는 식물과 동물, 대기와 흙뿐 아니라 흙 속의 보이지 않는 온갖 미생물이 보이지 않는 손이 되어 이들 사이에 헤아릴 수 없을 만큼 많은 상호작용이 이루어진다. 시장생태계에서도 거래에 직접 참가하지 않는 이해당사자들이 굉장히 많고 다양한 관계를 맺고 있는데, 복잡하게 얽히고설킨 생태계는 아무리 낯선 문제가 발생해도 이를 해결할 여러 통로가 있어 위기상황을 벗어날 대안 또한 급속히 늘어나는 것이다. 관계 맺기란 요즘 우리 사회에서 가장 절박한 과제로 대두된 '소통'이 아닐까 싶다. 소통의 다양한 방식과 경로, 예상 밖의 해법들이 관계 맺기를 통해 발휘되며, 이는 건강한 생태계에서 늘 확인되는 특성이다. 시장 시스템이 원활하게 작동하지 않을 경우 위의 두 원리를 근거로 당면 과제를 다시 보면 문제의 원인과 해법이 훨씬 더 잘 드러나 보일 것이다. 무엇보다 적정 수준으로 구성 요소들의 규모를 조절하는 일은 생태계 전체의 지속가능성을 확보하는 핵심 능력이다.

어느덧 사회나 기업의 중요한 지표가 된 '지속가능성sustainablility'

의 개념은 해마다 지구환경보고서를 발간하는 미국의 월드워치연구소에서 레스터 브라운 소장이 정의한 바에 따르면 "미래 세대가 누려야 할 전망에 누를 끼치지 않고 현재의 필요를 충족"하는 것이다. 이것은 독일의 베네딕트 수도원에서 12세기부터 오늘날까지 내려오고 있는 '숲을 지키는 생활 규칙'에서 유래한다. 1713년에 카를로비츠Hans Carl von Carlowitz, 1645~1714가 출간한 《숲의 살림》에는 "수도원 주변 숲의 나무를 벨 때는, 단 한 그루를 베더라도 반드시 회의를 열어서 찬반의 투표를 거쳐야 하고, 나무를 베어낸 곳에는 새 나무를 심어야 한다"는 전통이 소개된다. 1992년 리우환경회의 이후 세계적인 화두가 된 '지속가능성Nachhaltigkeit'이란 표현은 바로 이 독일어 책에 처음 등장했다.[37]

이 책의 제목은 라틴어로 *Sylvicultura oeconomica* 즉 '숲의 살림'인데, 신기하게도 홍만선洪萬選, 1643~1715의 《산림경제》와 제목이 유사하고, 두 인물의 생몰 시기도 일치하며 작업 시기도 비슷하다. 반면 당시 독일과 한국의 자연환경이나 문화 배경은 완전히 다를 수밖에 없었다. 카를로비츠는 파헬벨과 바흐의 장엄한 교회 음악이 울려 퍼지던 독일 바로크 시대의 지식인으로 외국어와 자연과학 분야를 공부했다. 나라의 부강을 목표로 수단과 방법을 가리지 않고 금과 은을 확보하느라 혈안이 된 시대. 1618년부터 1648년까지 30년 동안 유럽인들은 신神을 핑계로 가톨릭과 개신교로

---

37 일간지 *Zeit* 2009년 11월 9일자 참조.
　　www.zeit.de/1999/48/Der_Erfinder_der_Nachhaltigkeit

갈려 끔찍한 참상을 겪었고, 같은 무렵 조선은 임진왜란과 병자호란으로 40년 넘는 혹독한 세월을 견뎌야 했다. 독일의 카를로비츠는 드레스덴 근처 프라이베르크 재무장관으로 지하자원의 발굴 및 관리의 책임자였다. 그런데 '만인에 의한 만인의 투쟁'이라는 홉스의 말이 실감나는 삼십 년의 전쟁, 이 세월 동안 망가진 숲이 채 회복되기도 전에 은광銀鑛의 개발로 도시가 급속도로 발전하면서 땔감용 나무들이 무참하게 베어져 나가는 상황에 직면했다. 주변 숲들이 곧 민둥산으로 변할 수밖에 없는 현실을 우려한 카를로비츠는 런던과 파리, 베네치아 등의 상황과 정책을 참고해 "조급한 이윤 추구가 복지를 파괴한다"는 결론과 함께 이를 예방할, 숲과 도시의 '지속가능성'을 확보할 수 있는 정책들을 모색했다.

시장 이해의 전통과 전망

카를로비츠보다 두 해 먼저 태어나 한 해 뒤 세상을 떴고, 유사한 제목의 책을 남긴 홍만선은 30년 넘는 관직생활을 한 것도 닮은꼴이다. 《산림경제》는 홍만선이 여러 고을에서 수령으로 재직할 때, 관직을 떠나 산림에 은거할 계획으로 오래도록 준비한 책이다. 그의 팔촌형 홍만종洪萬宗, 1643~1725은 1718년 책의 서문에 "조정에는 조정의 사업이 있으니 이것이 곧 조정의 경제이고. 산림에는 산림의 사업이 있으니 이것이 곧 산림경제이니, 처지는 비록 다르나 경제인 점에서는 같다"고 책의 제목을 설명했다. 여기서 '산림'이란 본디 카를로비츠가 말하는 '숲'과도 같은 뜻이나, 동아시아 전통에서는 학식과 덕망을 갖추고도 벼슬하지 않고 시골에서 지내는 소박한 삶을 가리키는 경우가 많다. 예컨대 허균은 유배 시절 집필한 《한정록閑情錄》에서 "경세제민經世濟民의 뜻을 펼 수 없어 산림에 은둔하여 한거할 목적으로" 이를 편찬한다고 밝힌 바 있다.

그렇다면 조선시대 '경제'와 오늘날 경제는 어떻게 다를까? 영어에서 경제, economy는 카를로비츠의 책 제목에 들어간 라틴어의 oeconomica에서 유래했다. 이는 본디 그리스어의 οἶκος (=oîkos)와 νόμος (=nomos)의 결합, 즉 집을 다스린다는 뜻으로 이루어진 οἰκονόμος (=oîkonomos)에서 온 말이다. 순수 우리말로는 '집안 살림'인데 '살림'은 전통적으로 여성의 몫으로 여겨져 온

홍만종의 《산림경제》 필사본

일로서 더욱 흥미로운 건 이 말이 '죽임'과 반대의 뜻을 담고 있다는 점이다. '살리는 일'인 것이다. 이는 시장을 하나의 생태계로 이해하려는 나의 관점과도 일맥상통한다.

18~19세기 조선의 실학자들에게 경제학의 현대적인 의미는 앞에서 말한 바와 같이 이용후생利用厚生으로 압축되었다. 공작 기계나 유통 수단 등을 고안해 백성의 삶이 넉넉해지는 길을 추구하는 것이다. 이는 애덤 스미스가 《국부론》에서 "국민과 국가 모두를 부유하게 하는" 정치경제political economy의 중요성을 강조한 맥락과 유사하다. 애덤 스미스의 후예로서 백 년 전 신고전주의 경제학을 확립한 주역이었던 마샬은 경제학을 '개인과 사회의 차원에서 물질적인 복지의 달성에 관련된 일상적인 인간사를 연구한다'고 정의한 바 있다. 그런데 서유구는 《임원경제지》에서 물질적인 이익뿐만 아니라 문화적인 이익까지 포함하는 합리적 선택을 모색했다. 의식주의 향상, 농사기술의 개발, 품종개량 및 상품제조의 다변화뿐 아니라 음악과 예술 등의 취미 생활에 관한 서술 등 격조 있고 내실이 있는 문화생활까지도 포괄하는 것이다. 삶의 풍요로움을 물질적인 풍요뿐 아니라 정신적이고 문화적인 향유까지 포함하는 훨씬 총체적인 맥락에서 경제적 윤택으로 이해했음을 알 수 있다.[38]

이 책에서 시장을 하나의 생태계로 설정해보자고 제안하기까지, 시장경제의 자유방임주의 아니면 정부의 규제, 이렇게 대립되는 입장 또한 상호모순이 아닌 서로 보완되는 역설적 관계로 바꿀 대안을 찾아 중상주의에서 고전경제학으로 넘어오는 이야기를 시작했다. 서유럽의 사례로서 16세기부터 18세기 중반을 '상업자본주의 시대'라고도 일컫는다. "인간은 워낙 이기적 존재여서 너나나나 저 잘 먹고 잘살려고 만인이 만인에 의한 투쟁을 벌이니 함께 망한다. 그래서 강력한 국가 권력이 필요하다." 이런 주장이 나왔던 시대. 대략 1651년에 《리바이어던》이 출간된 시기는 유럽에서 이른바 근대적 사유가 시작된 무렵이었다. "나는 생각한다, 고로 존재한다"라는 말로 유명한 근대철학의 아버지 데카르트René Descartes, 1596~1650의 저서 《방법서설Discours de la Méthodes》이 1637년에 출간된 것만 보아도 이들의 직접적 상관관계가 확연하다. 바야흐로 '이성의 시대'가 개막되기 시작한 것이다.

인간 이성理性, reason의 역할에 대해 역사상 최고의 의미를 부여했던 사람은 아마도 데카르트였는데, 그가 활동한 시기는 동아시아의 경우 명과 청의 교체기였다. 조선의 경우는 1592년 임진왜란을 시작으로 1636년 병자호란 시기까지 '늑대가 물러가니 호랑이가 나타났다'고 할 만큼, 왜군과 청군이 온 국토를 유린해 끝없이 혼란을 겪고 있었다. 우연인지 필연인지 이런 혼란은 당시의 유럽과 아시아 모두 극에 달한 상태였으며, 그런 여파였는지 조선은 물

---

38 모두 16권의 책 중에서 열 번째 책인 《보양지(葆養志)》에는 계절에 따른 섭생법과 식이요법, 불로장생의 신선술 등 몸과 마음의 균형과 건강을 지키는 오랜 지혜들이 담겨 있고, 열세 번째 책인 《유예지(遊藝志)》에는 선비들의 독서법과 각종 기예, 열네 번째 책인 《이운지(怡雲志)》에는 다양한 취미생활에 대한 정보가 담겨 있다.

론 유럽도 냉철하고 엄격한 이성적 사유에 대한 논의가 강조되는 분위기였다.

이성적 사유는 세상이 작동하는 몇 가지 핵심원리를 간결하게 추려내는 한편, 온갖 혼란을 잠재울 수 있는 강력한 도구로도 요긴하다. 동서고금을 통틀어 이런 '이성적 사유'는 '만유인력의 법칙 Law of universal gravitation'을 찾은 뉴턴에 의해 완결되었다고 말할 수 있을 것이다. 그는 사과나무에서 열매가 떨어지는 일상적 현상을 거대한 우주 질서의 일부로 파악했다. 이른바 힘의 법칙으로 알려진 그의 고전물리학에 따라, 창조주께서는 대자연을 창조하시되 모든 활동이 동일 원리로 작동되는 정교한 기계로 설계했다는 생각이 퍼져나갔다. 기계만이 기계가 아니라 우주 전체, 대자연의 모든 창조물도 깔끔하게 설계된 기계가 되었다. 이들을 뜯어서 분석하면 전체가 파악되고, 그 조각을 다시 이으면 전체가 될 수 있다는 식의 뉴턴적 사유, 소위 분석적 사고가 지난 200~300년에 걸쳐 득세했던 셈이다.

이런 기계론적 사유가 자리 잡을 무렵, 애덤 스미스의 《국부론》은 고전경제학의 경전이 되었고, 본인의 의사와 달리 기계론적 사유를 강조하고 정교하게 활용하는 방법론이 모색되었다. 경제학뿐 아니라 이 무렵 성립된 대부분의 근대 학문에서는 분석적 사물의 이해와 셈법이 사태 전반을 요약하는 강력한 도구로 도입되었다. 하지만 《국부론》과 그보다 17년 앞서 나온 대표작 《도덕감정론》에서 밝힌 애덤 스미스의 관점은 이후 심각할 정도로 무시되고 훼손

되었다. 무엇보다 애덤 스미스가 상정한 인간은 생존경쟁의 싸움터에서 제 살길만을 찾는 괴물과는 거리가 먼 '사회적인 존재로서 공감하는 개인'이었다. 그런데 신자유주의가 활개를 치면서 특히 인간은 '이기적으로 자신의 이윤동기만 추구하는 개인'이라는 이미지로 추락해버린 셈이다. 이는 우리 인간 종種 전체의 명예가 실추된 불행한 일이기도 하다.

고전물리학에 토대를 둔 여타의 근대 학문들이 승승장구해온 데 비해 20세기에 접어들 무렵 정작 물리학계에서는 극미極微한 세계를 다루는 양자물리학의 지평이 새롭게 열리면서, 근대적인 관점과 안목을 바꿔야 한다는 각성이 시작되었다. 물질의 미시세계를 파악하고 보니, 우리의 인식 방법 자체가 그렇게 단일할 필요가 없고 훨씬 더 여러 층에서 이루어질 수 있다는 사실이 대단히 충격적으로 대두되었다. 그토록 단단하고 확실했던 절대 진리가 실은 고정불변한 정답이 아니라 일정 조건에서 대략의 근사치로 정의될 수밖에 없다는 사실을 확인하게 된 것이다. 요즘은 사회과학뿐 아니라 특히 문화 전반에서 거의 '탈근대post-modern' 자체를 목표로 삼을 정도로 세상을 이해하는 좀 더 유연하고 합당한 대안들이 제시되고 있다. 특히 우리 자신을 제대로 이해하려는 심리학적 노력들이 세분화되고, 전에는 별개의 영역으로 여겨졌던 종교나 예술과도 소통하며 인간을 새롭게 읽는 방법과 사회에 대한 새로운 관점을 찾으려는 시도들도 이어졌다. 예컨대 케인스의 경우 1930년대 대공황 발생 이유를 수요와 공급의 기계적 법칙보다 비관하고 낙담하는 사람들의 심리적 작동에 초점을 맞추어 살폈으며, 회복기 또한 사회 구성원들의 심리적 변화에 의해 가능했다고 해석했다. 무엇보다 인간을 합리적인 경제주체가 아니라 '야성적 충동Animal Spirit'을 가진 '심리적인 존재'로 정의하면서 시장변동의 원리를 전혀 다른 방식으로 이해할 수 있었다.

> 인간의 적극적 활동의 대부분은, 도덕적이거나 쾌락적이거나 또는 경제적이건 간에 수학적 기대치에 의존하기보다는 오히려 스스로 만들어낸 낙관주의에 의존하려 한다. 이러한 인간의 불안정성이 판단과 결정에 더 중요한 요인이 된다. 인간의 의지는 추측하건대, 오로지 '야성적 충동'의 결과로 이루어질 수 있을 뿐이며, 계산적인 이해관계로 이루어지는 것이 아니다.[39]

시장 이해의 변천은 무엇보다 인간에 대한 관점의 변화와 밀접한 관련이 있다. 시대에 따라 인간도 변하겠지만, 무엇보다 인간 존재의 이해방식 또한 달라졌다는 것이 중요하다. 106쪽의 도표에서 알 수 있듯 중상주의 시대에는 인간을 이기적인 존재로 보았고, 엄격하게 관리할 대상으로 여겼다. 반면 고전경제학의 아버지가 된 애덤 스미스가 이해하는 인간은 합리적일 뿐 아니라 '공감'할 줄 아는 사회적 존재였다. 한편 1930년대 대공황으로 무너진 시장

---

39 존 메이너드 케인스, 《고용, 이자 및 화폐에 관한 일반 이론》, 1936.

경제를 되살리는 과정에서 케인스가 파악했던 인간은 변덕스럽고 감정적인 '심리적 존재'였다. 그에 비해 오늘날 신자유주의하에서의 전 지구적 경제위기 상황에서 우리 인간은 세태에 휘둘리며 쩔쩔매는 그저 속수무책으로 '불완전한 존재'일 뿐이다. 엄청난 지식과 정보를 이미 보유하고 또 끊임없이 양산하고 있음에도 시스템 전반의 핵심적 문제를 파악하고 이를 개선할 수 있는 권한은 아예 인간의 손을 벗어난 모양새이다. 우리의 주인 노릇을 하며 무기력 상태인 인간을 조종하고 부리는 건 다름 아닌 이 시대의 '세태'가 되어버렸다. 우리는 그저 무지막지한 이 시대 '세태'의 노예로 살아갈 수밖에 다른 도리가 없는 것일까?

이런 위기 상황에서 기계론적 이성주의 전통의 관점 및 사유방식들은 급속히 힘을 잃어가고 있다. 현재 우리들이 당면한 문제들을 풀기 위해서는 특히 근대화 과정에서 무시 혹은 경시한 우리들의 잠재적 가능성, 예컨대 예술과 종교의 영역으로 치부했던 우리들의 감성과 영성을 돌봄으로써 그 안에서 새로운 지혜를 구할 수 있으리라고 나는 믿는다. 지난 30여 년 가까이 세계경제의 기조가 된 신자유주의라는 거칠고 험한 파도에 저항하며 여러 모순과 폐해의 현실을 극복하려는 다양한 형태의 작은 움직임들은 무수히 많다. 뿐만 아니라 공동체의 회복을 통해 영혼이 갈망하는 소박하고 본질적인 행복의 조건을 되찾을 대안 또한 곳곳에서 찾아볼 수 있다. 이미 실현된 사례들뿐 아니라 우리 문화사 안에서도 훌륭한 단서들이 제법 있다. 시장의 이해와 관련해 경제학에서 인간을 바

라보고 인식하는 방식의 변천을 크게 나누고 해법의 전망까지 간
추리면 다음과 같다.

16C~18C중반	18C후반	1930~1970년대	1980년대~현재	해법의 전망
중상주의	자유방임주의 (고전적 자유주의)	개입주의 (신중상주의)	신자유주의	유기론적 생태주의
• 상업 자본주의 시대 • 토머스 홉스 《리바이어던》(1651) • 인간은 이기적인 존재 • 강력한 국가권력 필요	• 산업 자본주의 시대 • 애덤스미스 《도덕감정론》(1759), 《국부론》(1776) • 인간은 '공감' 하는 사회적 존재 • 자유방임의 시장경제 / 정부의 경제규제 철폐	• 복지국가 시대 • 케인스 《일반이론》(1936) • 인간은 심리적인 존재 • 정부개입을 통한 복지국가 –뉴딜정책	• 금융 자본주의 시대 • 하이에크 《노예의 길》(1944) • 하딘 《공유지의 비극》(1968) • 인간은 불완전한 존재 • 계획경제 비판, 자유시장 중시 • 대처리즘, 레이거노믹스 • 규제철폐, 금융자유화, 세계화	각성하는 인간 《깨어나는 지구두뇌》 (피터 러셀, 1982) 《공유의 비극을 넘어》(오스트롬, 1990) 《깨어 있는 자본주의》(존 매키, 2013) 《협력적 공유경제》 (제러미 리프킨, 2014)

이 시대 현대인들이 갈구하는 풍요로움, 요즘 사람들이 추구하
는 이른바 웰빙well-being의 구체적 대안들이 제일 오른쪽 유기론적
생태주의와 깨어 있는 자본주의, 공유경제의 이름으로 진행되는
다양한 해법의 전망에 담겨 있는 셈이다. 그러나 승자독식과 무한
경쟁의 강박이 사방을 에워싼 곳에서는 누구도 그런 풍요로움을
향유할 수 없다. 승자독식(Winner takes it all.)이라고들 말하지만 승자
또한 이를 누릴 수 없다. 진정한 삶의 풍요로움은 무엇보다 건강
한 생태계에서 소통과 나눔을 통해 실현되는 것이기 때문이다. 그
렇다고 이 시대에 그런 웰빙을 누릴 수 있는 구체적인 방도를 200

여 년 전의 책들에서 찾아낼 수는 없을 것이다. 당시의 지혜는 배움직하나 이 시대의 풍요로움은 당시처럼 속세를 떠난 채 초야에서 찾아낼 수 있는 것이 아니기 때문이다. 그것은 다음 장에서 살펴볼, 시장생태계 안에서 마땅히 제 몫을 하는 건강한 기업들을 통해 회복될 수 있으리라고 나는 믿는다.

2

기업

인류의 큰 꿈과 다양한 열망을
실현할 가능성과 힘을 가진

대체 회사는 왜 존재하는가. 어렵고 절박한 생존 조건을 감내하고 사업을 키워가면서 추구해야 할 가치가 어떤 기업에서는 '이윤 극대화'일 수 있다. 그 선택을 존중할 수는 있으나, 이윤 추구만으로는 우리 삶의 의미를 진정으로 빛나게 할 만큼 지속가능한 충만함을 맛보기는 힘들다. 오래도록 번성하는 기업은 무엇보다 분명한 철학을 스스로의 존재 목적으로 삼고 있다. 사업을 하면서는 어떻게든 더 많은 이윤을 남기고 더 높은 경영성과를 내는 쪽에 몰두해야 하지만, 진정으로 고객과 사회에 유익을 주는 길을 모색하는 기업들이 실질적으로 훨씬 큰 성과를 낸다.

기업의 이윤 극대화 신화

강의를 듣는 젊은이들에게 일부러 이런 질문을 던지곤 한다. "기업의 존재 목적이 무엇이라고 생각하는가?" 그러면 99%는 "이윤 극대화!"라고 답한다. '기업은 이윤을 위해 존재한다'는 '정답'이 떠돌기 시작한 이후, 뭔가 토를 달거나 달리 생각할 여지조차 없어져 버린 것 같아서 많이 안타까웠다. 이런 현상이 도대체 언제 어떻게 시작되었을까 궁금했는데, 중학생용 사회용어 사전에 "기업은 이윤 추구를 목적으로 생산 활동을 하는 경제 주체"라는 정의가 실려 있었다. 열심히 외워서 앵무새처럼 내뱉도록 한 이 간단한 정답이 청소년 시절 머릿속에 그대로 입력된다고 생각하니 정말 난감했다. 이에 대한 오해를 풀지 않으면 기업은 수단과 방법을 가리지 않고 경쟁에서 이기고 살아남아 저희만 잘 먹고 잘살려는 장사꾼 집단으로 매도될 수밖에 없을 것이며, 기업가 정신으로 세상을 바꿀 수 있는 수많은 인재들을 잃어버리는 참담한 결과가 될 것 같아서 기회가 닿는 대로 이를 수정하고 싶었다. 현대사회에서 기업은 인류의 큰 꿈과 다양한 열망을 실현할 수 있는 굉장한 가능성뿐 아니라 그걸 실천할 힘도 있기 때문이다.

기업은 어떤 의미로든 이윤을 내야만 하고, 이는 기업의 지속가능성sustainability을 위해서 무엇보다 중요한 일이 아닐 수 없다. 그러나 '기업은 이윤을 극대화하기 위해 존재한다'는 명제는 진리가 아니라 경제학에서 하나의 가설이다. 눈앞의 이익만 찾는 장사치들의 행위는 한판 승부로 이익을 낼 수도 있고 성공률도 꽤 높을 수 있다. 하지만 기업이 이윤을 극대화하려는 동기에 따라 행동하는 것처럼 보인다면 그건 단지 관찰에 따른 이론적인 가설이요 현상적 징후일 뿐이다. 그것이 기업의 존재 목적이어야 한다는 당위는 아니다. 기업이 왜 존재하는가에 대한 설명 중 하나로 코즈의 정리Coase theorem에 기초하여 그 이후에 기업을 계약의 결합nexus of contract으로 보는 학자들에 의해서도 역시 제시된 '거래비용 이론 Transaction Cost Theory'을 들 수 있다.[1] 시장에서는 최종소비재 이전 단계에도 원자재, 중간재, 유통, 금융 등 수없이 많은 거래 당사자가 존재하는데 이들 사이에 일일이 거래계약서를 체결하고 법적으

---

1 이는 1937년 논문 〈기업의 본질(The Nature of the Firm)〉에서 코즈(Ronald H. Coase, 1910~2013)가 주장한 내용이다. 인터넷의 등장으로 새로운 국면을 맞게 된 세계 경제를 설명하는 이론으로서도 새롭게 주목받은 코즈는 1991년 노벨경제학상을 수상했다.

로 그 이행을 강제하는 일은 비용이 너무나 많이 들고 사실상 불가능해서, 최대한 그 거래를 기업 내부화하여 소위 관료적 통제시스템bureaucratic control system으로 대체함으로써 거래 비용을 최소화하려고 한다는 것이다. 이런 식의 설명도 기업 생성에 관한 도구적 설명으로는 매우 설득력 있어 보이나, 기업가들이 왜 창업을 하고 사업을 하느냐에 대한 근본 동기를 설명하기에는 미흡하다.2

신자유주의가 가져온 또 하나의 신화는 기업경영의 목표가 오로지 주주 가치의 극대화shareholder value maximization에 있다는 주장이다. 여기서의 '가치'는 주식시장에서의 보유주식 평가액을 말한다. 이런 주장의 부작용으로 그동안 주가를 부풀릴 수 있는 편법적 경영기법이 여럿 개발되기도 했다. 연구개발 투자를 줄이고, 종업원을 내보내고, 심지어 회계방식을 바꾸어서라도 단기적으로 주가 상승을 유도해 지배 주주 및 최고 경영진에게 어마어마한 부를 안

---

2 사실 코즈(Ronald H. Coase)가 설명한 정리는 애초 시장이 과연 완전하다면 왜 기업이 존재하는가에 대한 문제제기에서 시작되어 기업이론의 하나의 가설로 제시되었다. 그런데 시장의 작용원리로 가격기능(price mechanism)만을 고집하는 신고전학파 주류경제학자들은 거래비용을 수수료와 같은 마찰비용(friction cost)으로 보았으며 기업을 불완전한 시장(imperfect market)으로 보았는데, 이에 대해서 코즈는 자신의 이론을 인용만 하고 사용하지 않는 우를 범하는 것이라고 우려했다. 한편, 2009년 노벨경제학상을 수상한 윌리엄슨(Oliver E. Williamson) 교수는 거래비용을 마찰비용이 아니라 유무형의 거래를 조정하기 위한 조정비용(coordination cost)으로 보았다. 한편 일찍이 행동주의 기업이론을 주창하고 현대자본주의를 시장경제가 아니라 조직경제라고 정의한 바 있는 사이먼(Herbert A. Simon) 교수를 위시해서 근래에는 기업이론에 있어서 신고전학파 경제학을 넘어서려는 다양한 시도들이 보인다.
Ronald H. Coase. 1972; Oliver E. Williamson. 1985; Herbert A. Simon. 1991 참조.

겨줄 수도 있었다. 하지만 그 폐해가 속출해 실상은 파산에 이른 기업이 줄을 이었다. 필라델피아에서 최근 개최된 미국 경영학회의 경영전략 분과에서는 이러한 현실에 대해 학자들의 뼈아픈 자기비판이 있었다. 이는 '이윤의 극대화profit maximization', '효용의 극대화utility maximization'든, 아니면 '주주가치의 극대화'든, 결국 숲 전체를 보지 못하는 맹목적 극대화의 접근법들을 적용한 불행스러운 결과에 대한 반성이었다. 기업을 하나의 생명체로, 시장을 생태계로 파악하면 결코 상상할 수 없는 현상들로서, 특히 '기계론적 이성주의'의 한계가 심각하게 드러나는 대표적 사례들로 꼽을 수 있을 것이다. 이처럼 '효과성effectiveness'을 잃어버린 '효율성efficiency'은 존재의 원래 '목적성purpose'을 망각하게 하여, 어처구니없지만 너무나도 강력하고 파괴적인 도구로 전락할 수 있다.

한편, 경제학에서는 개인도 역시 소득income과 여가leisure의 적절한 배합으로서의 효용utility을 극대화하려 한다고 가정한다. 그런데 수십억 년에 걸친 지구생태계의 진화 또한 장기적 안목에서는 '효용의 극대화'라는 기제를 통해 진행되었다고 말할 수 있다. 매캐한 가스로 뒤덮였던 초창기의 지구에서 생명의 실험이 시작된 이후, 여러 시행착오를 거쳐 광합성을 하는 녹색 식물이 등장한다. 이들은 대기에 독가스, 즉 산소를 뿜어대며 (혐기성 생물이라고 부르는) 이전의 생명들을 몰살시켰고 지구생태계는 치명적인 위기를 맞게 되었다. 하지만 이는 산소 호흡으로 에너지를 얻어 쓰는 뭇 생명들을 위한 준비 단계가 되었다. 훨씬 효율적으로 다양성을 증대시켰고 오늘날처럼 짙푸른 색으로 지구 빛깔을 바꿔갔다. 더군다나 성性의 출현은 상상을 초월하는 수준으로 다양성을 초래했고 지구생태계 효용의 극대화를 향한 대장정의 시작이 되었다.

지구생태계의 효용성은 구성요소들 사이의 관계가 자꾸 다양하고 복잡해져서 웬만한 충격은 관계 속에 용해되고 흡수되는 상태를 말한다. 이것은 곧 지속가능성과 등치할 수 있는 것으로 지구생태계의 관점에서 경제economy와 생태ecology는 별개의 것이 아니게 된다. 그에 비해 단기간의 효용 극대화를 욕심낸 히틀러의 인공림은 몇십 년 후 오판의 비극적 실상을 드러냈다. 요즘은 유실수 재배 같은 확실한 목적과 셈법이 있는 게 아니라면 인공림보다 자연림의 경제적인 효용이 앞선다는 연구 결과가 이어지고 있다. 그래서 식목일의 나무 심기를 이제는 단기적인 효용 극대화 대신, 다양성이라는 생태계의 기본원리를 배우는 축제로 전환하자는 주장도 나온다. 생태계의 효용은 훨씬 장기적인 안목에서의 효용이기 때문이다.

이윤의 창출은 기업의 지속가능성을 위해 반드시 확보되어야 할 필수 요건이기에 경영목표가 될 수는 있다. 하지만 이윤 극대화가 기업의 존재 이유라는 말은 논리적으로 성립이 안 된다. '기업이 무엇 때문에 존재하느냐'는 질문에 답하기 위해서는 기업이 존재하는 최종 목적을 밝히는 게 맞다. 무언가를 생산한다면, 기업에서 생산한 상품이 사회에서 어떤 역할을 하는가, 사회 구성원에게 어떤 영향을 끼치며 어떤 변화를 가져올 수 있을 것인가, 이에 대한 답이 기업의 존재 이유인 것이 맞다. 기업은 '유아독존'하며 홀로 존재할 수 없다. 기업 구성원들의 활동으로 이루어지는 결과물이 시장에서 호평을 받아야 이윤이 창출되고, 이런 토대 위에서라야 꾸준히 경영활동을 지속할 수 있다. 그러므로 기업은 '시장이라는 생태계 안에 자기 자리가 있는 생명체'라고 나는 설정한다. 그래서 생명이 본디 자신을 지키며 번성하려는 본성이 있듯, 기업도 스스로의 생존과 번영을 위한 자구책을 찾게 마련이라고 보는 것이다.

앞 장에서도 강조했듯 비유는 상상 이상으로 영향력이 지대하다. '보이지 않는 손'의 이미지가 수요와 공급이라는 두 곡선의 집게 모양이냐, 자비와 돌봄을 베푸는 천수보살의 끝없는 손길이냐에 따라 우리 사유와 정서가 전혀 달라진다. 비유는 우리 상상력과 사유의 체계를 새롭게 하여 곧 행동으로 발현되기 때문이며, 결과적으로 기업이 장기적으로 살아남느냐 아니냐 하는 중대한 사안이 걸려 있기 때문이다. 단기적인 이윤 창출과 장기적 지속가능성을 위한 대책 마련은 그 어느 하나도 놓칠 수 없는 기업경영의 근본 과제가 되었다. 둘 중 어느 하나만으로는 온전해질 수 없을 만큼 서로를 규정하는 동시에 상호 보완하는 역설의 관계이다. 그런데 지금은 시장이라는 생태계를 함께 지키며 생존하고 성장하고 번성해야 하는 과제가 워낙 절박해져, 기업으로서는 지속가능한 생산양식을 확보하는 것이 더욱 시급한 사안이 되는 시대이다.

기업은 생명체라는 비유

기업을 시장이라는 생태계 안에 자기 자리를 갖는 생명체로 비유한다면 먼저 생명체의 특성을 이해하는 일이 중요하다. 생명체는 생명현상을 보이지만 그건 살아 있는 동안이고, 그 현상들은 죽음과 함께 멈춘다. 기사회생할 수도 있지만, 죽음을 앞둔 생명체가 겪는 일반적인 징후들이 있어서 그 또한 기업의 건강상태를 가늠하는 단서가 될 수 있다. 나의 비유가 얼마나 적절하고 쓸모 있는지 확인하고 싶어 현대의 생명과학이 생명을 정의하는 준거를 찾아보았다. 이는 기업뿐 아니라 우리 자신이 얼마나 건강한 삶을 살고 있는지에 대한 척도로 삼아도 좋을 만한, 현대과학에서 간추린 생명현상이다.

● 대사metabolism: 생명을 유지하려면 에너지가 필요하다. 에너지를 방출하는 자양분을 취해야 하고, 이를 훌륭하게 소화하여 온몸에 필요한 영양소를 적절하게 분배하고 더 이상 쓸모없는 건 바로 배출해야 골고루 편안하고 생명 유지 이상의 활동을 벌일 수 있다. 이는 지속가능성을 위해 기업도 어떤 식으로든 효율적인 경영을 통해 이윤을 내야 하는 것과 같은 이치이다.

● 항상성homeostasis: 단세포 생명체부터 복잡한 우리 몸까지도 신체 내부에서 시시각각 상태가 변하지만 이들이 일정 범위를 벗어나지 않아야 한다. 우리 몸은 체온과 혈압, 혈당 등의 조절을 위해 땀이 나거나 소름이 돋고, 갈증을 느껴 물을 마시고, 피곤하면

졸음이 온다. 이는 일정한 균형을 유지하려는 항상성의 작용이다. 이는 기업에 관련한 여러 이해당사자들이 상호작용하면서 서로 얻어갈 다양한 혜택 사이의 균형이라고 볼 수 있다. 균형이 깨지면 여러 부작용이 따르므로, 건강한 생명체라면 이를 회복하는 쪽으로 생리적인 반응들이 작동하지만, 그 반대인 경우 만성적인 질병에 빠지게 된다.

● 적응력adaptation: 쌍둥이로 태어나도 환경에 따라 성장한 결과가 달라진다. 생명체는 생태계 안의 특정한 요소이므로, 생태계 변화에 적응하지 못하면 도태될 수밖에 없다. 이 과정에서 발생한 돌연변이 덕에 새로운 생물 종이 출현하기도 한다. 시장생태계의 변화에 민감하지 못한 기업은 도태된다. 끊임없는 혁신과 구조조정은 기업의 지속가능성을 지켜가는 방편인 동시에, 상황에 따라 새로운 영역으로 진출 혹은 변신하는 계기도 된다.

● 자극에 대한 반응response to stimuli: 생태계 안에서는 끊임없이 자극이 오게 마련이고 필요한 경우 몸을 피하거나 맞설 수 있는 방어체계를 작동시키는 등의 반응을 하게 마련이다. '오른쪽 뺨을 맞으면 왼쪽 뺨까지 내주라'는 종교적 가르침이 있지만, 이런 식의 반응이 도를 넘으면 항상성이 깨져 자칫 반생명적인 결과가 될 수 있다. 적절히 피하고 방어하며 생명을 지킬 수 있어야 한다. '비둘기같이 순결하게 그러나 뱀같이 지혜롭게' 하라는 가르침도 있고, 받아들여지지 않는 마을에서는 부딪히지 말고 미련 없이 '신발의 먼지를 털고 다른 고장으로 가라'는 말씀도 있어, 유연하게 대처하

며 스스로를 지키라고 강조한다. 세상에 태어난 생명은 성장하고 노화하며 죽음의 길을 간다. 그에 비해 기업의 수명은 자극에 적절히 반응하며 지속가능성을 유지한다면 인간의 삶과는 비할 수 없을 만큼 연장이 가능하다.

● 자기치유력self-recovery: 생명체는 상처를 입게 마련이고 이를 회복하는 힘도 있는데 하등동물들은 훨씬 신속하고 간단하다. 잘라진 조각이 별도의 개체로 자라는 생물체도 있는 반면, 복잡한 생명체는 분비액이 나와 찢긴 상처를 감싸며 새살이 돋아 원 상태로 회복된다. 기업도 시장생태계 안에서 다양한 방식의 타격을 입고 이를 수습해야 할 상황들이 벌어진다. 도태되지 않으려면 혁신적 구조조정으로 탈이 난 부분을 도려내야 할 때도 있고, 수혈이 필요하거나 어루만져야 할 때도 있다.

이들 다섯 가지 생명현상을 준거로 '기업은 생명체'이며 '시장은 이들의 생태계'라는 관점이 현실적으로 얼마나 타당한지, 또 시대가 요청하는 새로운 감수성을 확보할 수 있는 비유인지 가늠할 수 있었으면 싶다. 아울러 기업의 건전성과 건강상태가 얼마나 등치될 수 있는지도 살펴볼 수 있을 듯하다.

생명을 위한 자양분

몇 해 전 스웨덴에 출장을 갔을 때 기업의 존재 목적에 대해 대단히 공감 가는 설명을 들었다. 스웨덴 사람들은 사업한다는 의미로

'내링스리브Näringsliv'라는 말을 쓴다고 했다. 이는 영어로 Nourishment for life, '생명을 위한 자양분'이라는 뜻이라 한다. 사업을 하는 것이 '생명체에게 자양분을 주는 행위'라니! 언어로 굳어질 만큼 그들에게 사업은 삶에 양분을 주는 행위였다. 생명을 돌보고 살려낸다, 즉 죽임의 반대인 우리말의 '살림'과도 뜻이 통한다. 그렇다면 숱한 전쟁과 재난 중에 아이들의 배를 곯리지 않으려고 누추한 살림을 꾸리며 동분서주한 우리 할머니들, 할아버지들과 똑같은 마음이었으리라는 생각이 얼핏 들었다. 어느 지역보다 농사가 힘들었을 북유럽의 추운 땅에서 식구들의 생계를 꾸리고 조금 더 따뜻하게 살아가려 궁리하는 열망과 노고가 우리 할머니들 살림살이의 행색과도 닮았었겠다는 반가움으로 마음이 따뜻해졌다. 외할머니께 들은 젊은 시절 이야기와 연결되어 그랬는지도 모르겠다.

외할머니는 일찍 어머니를 여의고 아버지의 수발을 드느라 혼기가 늦어졌고, 아버지의 각별한 친구분의 며느리가 되셨다고 한다. 나는 얼굴도 뵌 적이 없는 외조부님은 당시 신의주에서 백화점까지 소유했던 부자 홀아비로 외할머니와 재혼 후 슬하에 자녀 넷을 둔 채 한겨울 빙판에서 넘어지는 갑작스런 사고로 세상을 떠나셨다. 빚을 갚아야 할 사람은 아무도 안 나타나고 빚쟁이들은 득달같이 달려드는 상황에서 재산 내역에 무지했던 30대 청상과부는 알거지 신세가 되었다. 한국전쟁이 나고 고만고만한 아이 넷을 데리고 아무런 연고가 없는 부산으로 피난해 비가 새는 판잣집을 얻어 살며 "술장사, 여자장사 빼고는 안 해본 장사가 없었노라"고 곤고했던 젊은 날을 회상하던 외할머니의 사업이란 무엇보다 어린 아이들 키우는 데 필요한 생활의 자양분을 마련하는 일이었다.

이런 의미를 헤아린다면 사업은 말 그대로 내 가족의 생명을 지켜가는 지극히 숭고한 일이다. 그에 비해 영어의 비즈니스는 어떤 특별한 의미도 드러나지 않는 busy+ness인 business, 그저 '분주함'이니 싱겁기 짝이 없다. 흔히 줄여서 Co.로 표시하는 영어의 company는 라틴어에서 '함께 빵을com+panis'이란 말에서 유래한다. 혼자가 아니라 함께 도모하는 동료들이 있으니 삶을 지속하기 위한 빵을 구하는 일이라는 점에서 통하는 바가 있다. 동료들과 더불어 사업을 벌이며 함께 나눌 양식을 얻어야 하므로 이윤은 당연한 목표가 되며, 이는 지속가능한 사업 활동을 위한 필요조건이다. 그러나 이윤이 곧 지속가능성을 위한 충분조건은 아니다.

한자에서 '상인商人'은 3,000년 전 상나라가 멸망한 후에 생업을 위해 각지를 떠돌며 물건을 팔던 상나라 사람들을 일컫던 표현이다. 그러다 보니 유교사회에서는 내내 천시의 전통이 이어졌다. 2,000여 년 전 진시황의 친부로 여겨지는 거상巨商 여불위가 "농업의 이익이 10배라면 상업의 이익은 100배"라고 크게 자랑했어도 유교 전통에서는 그 가치를 인정받지 못했다. 우연인지는 모르겠으나 중국말로도 사업은 생기, 활력, 생명력이라는 뜻이 담긴 '생의生意, Sheng yi'라 하여 스웨덴 사람들의 '내링스리브'와 닮은 표현을 쓴다. 아마도 생업生業과 연관되는 게 아닐까 싶다. 이 또한 우리의 삶, 생활에 필요한 기반을 만드는 일로서 뭔가를 살려내는 일이지, 상대를 죽이거나 죽게 놔두는 일이 아닌 것이다.

시장에서는 경쟁을 통해 꾸준히 혁신들innovations이 이루어지고, 그 결과 망하는 회사들이 생기게 마련이다. 하지만 그건 생태계에서 벌어지는 어쩔 수 없는 현실이다. 생명의 다섯 가지 특성 중 '자극에 대한 반응'을 적절하게 수행하지 못한, 즉 스스로 변화하지 못한 기업들이 맞닥뜨리는 결과일 뿐, 경쟁사 죽이기가 기업의 목적이나 목표로 잘못 해석될 수는 없다. 사업이란 고객인 누군가에게 더 큰 유익함을 주는 일이고, 그 목표를 향해 달려가는 그 과정에서 경쟁은 피할 수가 없고 이겨야 하는 것일 뿐이다. 그 결과로 누군가 망할 수는 있으나, 그것이 곧 기업의 목표는 아니다.

순록을 주식으로 삼는 스칸디나비아 원주민 사미족이나 북미의 이누이트들은 사냥을 나가서 순록을 잡으면 그 목에 칼을 찔러 고통을 짧게 해주며 그 자리에서 기도를 올린다. 미안하다는 얘기부터 하고, 우리에게 고기를 주어 생명을 유지하게 해주어서 고맙다고, 이제는 원래의 자리로 돌아가서 우리를 축복해달라고 순록의 혼에게 기도를 한다. 순록 한 마리를 잡아 죽이지만, 살생 그 자체가 목표가 아니고 이를 통해서 양식을 얻어 생존하고 자식을 낳아 키우고 번성하는 자연생태계의 순환원리를 따르는 것일 뿐이다. 과정에서 불가피한 살생이 자행되었지만 만약 이렇게 하지 않아서 자신의 생명을 지속할 수 없다면, 이는 오히려 생명의 질서를 거스르는 일이다. 생태계의 원리로 바라보면 사업도 마찬가지이다. 누군가에게 유익함이 되는 일을 하면서 우리 스스로의 생명에게 자양분을 주는 일이다.

기업의 존재 이유Raison d'être

대체 회사는 왜 존재하는가. 어렵고 절박한 생존 조건을 감내하고 사업을 키워가며 추구해야 할 가치가 어떤 기업에서는 '이윤 극대화'로 설정되기도 한다. 그런데 그 선택을 존중할 수는 있으나, 이윤 추구만으로는 우리 삶의 의미를 진정으로 빛나게 할 만큼 지속가능한 충만함을 맛보기는 힘들 것이다. 오래도록 번성하는 기업은 무엇보다 분명한 철학을 스스로의 존재 목적으로 삼고 있다. 사업을 하면서는 어떻게든 더 많은 이윤을 남기고 더 높은 경영성과를 내는 쪽에 몰두해야 하지만, 진정으로 고객과 사회에 유익을 주는 길을 모색하는 기업들이 실질적으로 훨씬 큰 성과를 낸다는 연구 자료가 상당히 많다. 기업의 존재 이유에 대한 답은 실제 기업, 예컨대 1668년 약방으로 문을 열어 1863년 독일 다름슈타트, 1887년 뉴욕에 공장을 설립한 세계 최초의 제약회사 머크Merck의 사례에서 확인하면 좋을 것이다. 1929년 가업을 물려받은 머크George William Merck, 1894~1957 회장은 2차 세계대전 중에 페니실린을 약품으로 대량생산해 부상 군인들을 위한 치료제로 상품화시킨 일로 유명하다. 퇴임을 앞둔 1950년 버지니아 의과대학에서 그가 한 연설은 의학의 아버지로 불리는 히포크라테스 선서만큼이나 의료계, 아니 과학계 및 기업경영 전반의 여러 분야에서도 회자되는 이야기이다.

의약품은 환자를 위한 것이지 결코 이윤을 위한 게 아니라는 사실을 잊지 않기 위해서 우리는 부단히 노력하고 있다. 우리가 이것만 제대로 기억한다면, 이윤은 저절로 따라온다. 이것을 더 잘 기억할수록, 이윤은 더 커진다.[3]

머크 회장은 '이것만 기억한다면' 그리고 '더 잘 기억할수록'이라 하면서, 기억하기 위해 무던히 애를 쓴다고 강조한다. 기업의 존재 이유를 잊어버리지 않기 위해 노력한다는 건 무슨 뜻인가? 그만큼 잊어버리기 쉽다는 뜻이고, 기업의 단기목표와 존재 이유가 언제라도 뒤바뀔 수 있다는 뜻이다. 월말 결산이며 분기별로 실적 집계에 몰두하다 보면 정신을 잃게 마련이라, 기업이 존재하는 근본 이유를 항상 생각하지 않으면, 꾸준하게 노력하지 않으면 번번이 잊어버린다는 뜻이다. 시장의 압력이라는 게 워낙 엄청나 거기에 휘둘리다 보면 제일 중요한 존재 이유를 잊어버리기 십상이란 것이다. '제약업을 하는 근본 이유가 뭐지?' '왜 수백만, 수천만 달러를 들여서 신약 개발에 투자하지?'라는 질문을 던지고, '아, 우리는 환자에게 도움을 주려 하는구나. 그래, 우리의 원래 목적은 그거야!'라고 자꾸 되뇌며 마음자리를 그 중심에 두고 지켜나가려 노력하고 스스로를 돌아본다는 얘기이다. 그런데 신기한 건 그렇게 해야, 가장 중요한 존재 이유를 잘 기억하면 할수록 이윤이 더

---

3 Jie Jack Li, *Triumph of the Heart: The Story of Statins*, Oxford Univ. Press, 2009.

욱 커지더라는 얘기이다. 아닌 게 아니라 이윤의 역설paradox of profit이란 말도 있다. 이윤만 좇다 보면 이윤은 자꾸 도망가는데, 원래의 사업 본질에 충실하면 오히려 이윤이 따라온다는 것이다.

이와 관련한 유명한 에피소드로는 《맹자》의 첫 시작인 맹자B.C. 372~289와 양혜왕B.C. 400~319의 만남[4]에 관한 고사를 꼽을 수 있을 것이다. 고매한 맹자 선생에게 지혜를 얻고 싶었던 양혜왕은 쉰이 좀 넘은, 그래 봤자 자기보다 서른 살이나 아래인 맹자를 만나 반가운 마음으로 청하지만, 그 답이 참 쌀쌀맞다.

"선생께서 천리를 멀다 않고 찾아오셨으니, 장차 우리나라에 무슨 이익이 있겠습니까?"

"왕께선 하필이면 이익을 말씀하십니까? 오직 인의仁義가 있을 따름입니다."

처음 만난 왕이 '자신의 나라를 이롭게 해달라'고 부탁하는데, 맹자는 실망을 감추지 못한 채 '하필왈리何必曰利', 다른 걸 다 두고 하필 이익을 구하시는지 되묻는다. 그리고 "어떻게 해야 내 나라에 이로울까를 왕께서 생각하시면 대부들은 어떻게 해야 내 가문에 이로울까를, 선비나 백성도 역시 어떻게 해야 내 가족에 이로울

---

4 B.C. 403년부터 진시황이 천하를 통일한 B.C. 221년까지는 봉건제 해체 후 중앙집권적인 고대 국가가 형성되는 과도기였던 이른바 전국시대(戰國時代)였다. 양혜왕은 당시 가장 큰 일곱 세력, 전국 7웅(七雄) 중에서 부국강병을 통해 최고의 강성한 나라가 되었던 위(魏)나라의 3대 군주로, '왕(王)'이란 칭호를 처음으로 참칭한 야심가였으나 나라의 쇠망을 깨닫고 '현자(賢者)를 초빙'한다는 공고를 냈는데 이를 듣고 맹자가 제자들과 함께 밤낮으로 먼 길을 달려와 이루어진 만남이었다.

까를 생각하여, 윗사람 아랫사람이 서로 제 이익만을 취하게 되니, 그렇게 되면 나라 전체가 위태로워질 것"이라는 설명을 덧붙인다. 맹자는 위정자들에게 '백성에게 도덕보다 더 중요한 건 경제적인 이익'이라고 강조했던 굉장히 실용적인 인물이다. 현실적이고 합리적인 사유로 유명한 그가 양혜왕 앞에서는 평소 지론과 다른 얘기를 꺼낸 것이다. 이익이 중심 가치가 되면 나라가 모두 함께 파멸로 가는 길이라고 말이다. "왕께서 늘 너그러이 베푸시되, 의로움을 따라 옳고 그름을 반듯하게 하시면 굳이 이익을 추구하지 않으셔도 나머지 사람들이 모두 이를 본받아서 결국은 나라에 이익이 오리라"는 '마음 씀의 이치'를 밝힌 것이다. 이익을 구하면 안 된다고 잘라 말하지만, 실은 나라에 더 큰 이익이 올 수밖에 없는 실질적인 요령을 일러준 셈이다.

기업의 경영과 똑같은 이치로 한 나라의 경영도 '이윤의 역설'을 교훈 삼아야 한다. '기업은 이윤을 위해 존재한다'는 단답식 '정답'은 결코 진리가 아니다. 더 이상의 사유를 막아버린다는 점에서는 심각한 '오답'이다. 2,000여 년 전에 등장한《맹자》는 사실 국가 경영 차원에서 '이윤의 역설'을 밝혀준 지혜의 책이었던 것이다.

이윤의 역설

요즘 세계적인 경제 불안, 신자유주의 광풍 속에서 우리가 마주친 극단적 파국의 사례들은 이윤의 역설을 스스로 증명해 보이고 있어 동아시아 사유의 핵심 중 하나인 맹자의 가르침을 되새기게 한다. 미국에서 1980년대 초반 민영화를 확산하고 세율을 낮추며 규제를 완화해 금융자유화를 허용했던 레이건 대통령의 경제 정책은 단기적인 이윤 극대화, 주주가치의 극대화를 목표로 삼은 것들이었다. 그 연장선에서 행해지는 오늘날의 극단적 세계화는 맹자가 양혜왕에게 경고한 나라 전체의 위태로움, 우리 시대에는 지구촌의 위기로 다가왔다. 특히 2001년 미국의 엔론Enron 사태는 그 진면목을 드러냈다.

엔론은 레이건 정부 시절의 한 중심인 1985년 텍사스에서 파이프라인으로 가스를 공급하는 도시가스회사로 출발했다. 이들은 규제완화와 민영화 덕에 남미에도 진출해 천연가스를 공급하고, 이어 전 세계 곳곳에 많은 발전소를 세웠다. 에너지 기업으로 이름을 날린 엔론은 1990년대 말 인터넷 사업에 뛰어들어 때마침 불어닥친 닷컴 열풍으로 주가가 폭등해, 업계에 등장한 지 15년 만에 1,700%의 초고속 성장을 이루었다. 매출액은 1,010억 달러, 자산은 473억 달러를 기록했다. 《포춘Fortune》지에 1996년부터 2001년까지 6년간 미국의 '최고 혁신기업'으로 선정되어 최고의 MBA들만 뽑아가는 걸로도 유명했고 모든 기업의 선망의 대상이 되었다. 그렇게 미국 경제를 선도하는 제국이 되었음에도 몇 년 후에 닷컴 열풍이 가라앉자 그들의 주가 역시 내리막길을 걸었고, 내부에 숨겨져 있던 문제점들이 드러나기 시작했다. 엔론의 초고속 성장은 특별한 기술이나 혁신을 기반으로 한 게 아니었고, 특히 재무구조에 심각한 병이 들어 있었다. 시장생태계를 다 잡아먹을 듯한 기세

였으나, 정작 자신들의 몸은 암 덩어리였다. 하지만 엔론은 몸을 정화시킬 생각 대신 장부조작과 분식회계로 부실한 거래 내역을 감춰보려고 미연방에너지규제위원회에 재무보고서의 제출의무를 없애달라는 요청을 했다. 한편 여기에 제동을 걸어 멈춰 세웠어야 할 에너지규제위원회는 제 본연의 역할을 잊은 채 이를 순순히 받아들였다. 자연스러운 강물의 흐름이 막히니 흘러야 할 것들이 자꾸 고여 요즈음 곳곳에서 출몰하는 큰빗이끼벌레처럼 낯선 괴물, 정경 유착을 통한 거대한 부패 세력이 곳곳에 출몰한 것이다. 최소한 이때라도 적절한 조처를 취했어야 할 의사들까지 이윤의 역설이라는 탐욕의 함정에 빠져 자신의 본분과 존재 이유를 팽개쳐버린 채 환자를 돌보고 치료하기는커녕 더욱 끔찍한 모습으로 최후

▌엔론 주가 추이

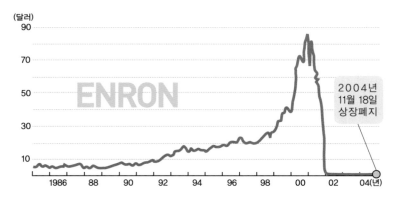

(자료 : 톰슨 데이터스트림)

를 맞도록 동조한 결과였다.

급기야 터져버린 엔론의 분식회계 비리는, 미국 최대의 회계법인
으로 백 년에 가까운 전통을 자랑하던 아서앤더슨과 엔론의 합작품
이었다. 비리를 눈감아주는 대신 이들은 엔론으로부터 엄청난 돈을
받아 챙겼다. 또한 엔론은 1989년 이후 600만 달러가 넘는 정치자
금을 건네며 워싱턴 최고위 정치인들과도 긴밀한 관계를 맺었다.
막강한 정치권을 배경으로 삼았던 탓에, 정부의 규제 역시 작동하
지 않았다. 부정과 비리로 얼룩진 사태가 속속 밝혀지며 엔론은 결
국 2001년 12월 310억 달러의 빚을 떠안고 파산을 맞았다. 최종선
고를 앞두고 엔론의 회장은 심장마비로 세상을 떠났고, 24년 형에
처해졌던 CEO는 2013년 3월, 14년 형으로 감형 받았다. 8만여 명
의 직원을 거느리던 회계법인 아서앤더슨 역시 엔론 사의 회계부정
사실을 은폐하고자 회계장부 및 컴퓨터 파일 등을 파기한 혐의로
회계감사업무 자격을 박탈당하며 함께 파산했다. 엔론 사태 후
2002년 7월 미국의회는 사후약방문에 불과하지만 끔찍한 사태의
재발을 막기 위해, 훨씬 엄격한 기준을 적용하여 더 이상의 재무 조
작과 회계 부정을 방지하고자 '사베인스-옥슬리법'[5]을 제정했다.

---

5 사베인스-옥슬리 법(Sarbanes-Oxley Act): 미국에서 공공 기업의 재무 보고에 대한 투
  자자의 신뢰를 회복하기 위해 2002년 제정되어 발효된 법으로서, '기업회계개혁 및 투자보
  호법' 으로도 알려져 있다. 엔론(Enron)사와 월드콤(WorldCom)사의 회계 부정사건 이후 재
  무 조작과 회계 스캔들을 방지하기 위해 제정된 이 법은 처음 법안을 발의한 메릴랜드 주
  민주당 상원 의원 폴 사베인스와 오하이오 주 공화당 하원 의원 마이클 옥슬리, 두 사람의
  이름에서 유래하며, 'SOX', 혹은 'SOA' 라고도 불린다.

엔론 사태는 이윤의 역설을 극명하게 드러낸다. 단기적인 이윤 극대화에 박차를 가하는 대신 에너지를 나눠주는 기업 본연의 임무에 충실했더라면, 엔론이 기업의 존재 이유를 망각하지 않았더라면, 그 정도로 처참한 파국을 맞지는 않았을 것이다. 이것은 브레이크 없는 돌진을 허용한 민영화와 규제완화의 맹점 및 피해 양상을 단적으로 보여주는 예로서, 인간이 만든 제도라는 게 완전할 수도 영원할 수도 없다는 점을 깨닫게 한다. 시대에 따라서 달라진 경제 정책 혹은 경제의 근본적 사유들을 간략하게 짚어본 결과, 문제가 생기면 다른 관점이 열리고 이를 반영하는 정책을 시행하면 또 예상 밖의 문제들이 생겨 다시금 새로운 관점들이 열린다는 점을 확인했다. 하지만 무엇보다 시장생태계의 건강과 균형을 지켜갈 수 있는 기본 원칙의 중요성은 변하지 않는다는 점에 숙연해진다.

한국의 기업 재벌

우리의 경우는 어떠할까? 2007년 일반국민을 대상으로 기업과 기업인에 대한 정서를 조사한 연구 결과[6]에 따르면, 기업 일반에 대해서는 상당히 높은 호감을 보였으나, 재벌 특히 재벌 총수에 대해서는 경제전문가와 공무원을 제외한 대부분의 집단에서 반감을 보였다.

---

6 한국개발연구원, 〈'반기업정서' 실체 파악을 위한 조사연구〉, 2007. 5. 30.

아래의 자료에서 보듯, 반감을 갖는 이유로 분식회계와 편법 상속 등 비도덕적인 경영이 가장 많이 지적됐고 독과점과 문어발식 확장, 정경유착 때문에 싫다는 답도 아주 많았다. KDI한국개발연구원에서 시행한 이 조사는 2000년대 초반에 경제단체 등에서 자주 제기한 '우리나라 사람들은 평등 의식이 지나치게 강해서 반기업적인 정서가 심각하고 기업하기가 어렵다'는 주장의 실체를 찾기 위해 이뤄졌다. 하지만 조사 결과 국민들이 갖는 기업에 대한 반감의 '실체'는 기업 자체가 아니라 일부 재벌 총수들이 보여준 그릇된 행태에 대한 것임이 드러났다. 물론 그런 반감이 해당 기업 자체에 대한 반감으로 이어지는 경우도 많았다.

우리 사회에서 재벌은 20세기 후반 압축적으로 일궈낸, 경제기적이라고도 불리는 고속성장의 주축으로 국민경제 구축의 중심적 역할을 훌륭히 했다. 예컨대 현대자동차는 불과 반세기 만에 한국이 세계에서 다섯 번째 규모의 자동차 생산국으로 변모한 기반이

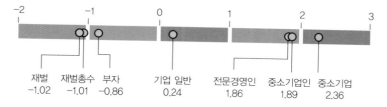

우리나라 국민들은 기업에 대해서는 호감을 갖고 있는 반면, 재벌에 대해서는 거부감이 있음.

기업과 기업인에 대한 국민 호감도

재벌	재벌총수	부자	기업 일반	전문경영인	중소기업인	중소기업
-1.02	-1.01	-0.86	0.24	1.86	1.89	2.36

재벌에 반감을 갖는 이유는?

복수응답(단위: %)

비도덕적인 경영 59.3

정경유착 29.7

중소기업에 대한 횡포 24.7

노동자에 대한 부당한 대우 23.6

소유주 및 대주주의 독단 20.3

독과점 또는 문어발 확장 17.0

＊출처: KDI '반기업정서' 실체 파악을 위한 조사연구 (2007. 5. 30)

었다. 필자가 처음 미국에 유학 갔을 때만 해도 미국 전자제품 매
장에서 한국 제품은 눈을 씻고도 찾아보기 힘들었고, 자동차는 언
감생심이었다. 한국에서 생산한 자동차 현대 엑셀이 미국에서 달
리는 걸 1986년 처음 목격하고 이루 말할 수 없는 감격을 느꼈던
생각이 난다. 그런데 20여 년 만에 전 세계 곳곳을 질주하는 오늘
날의 한국 자동차들이라니! 말 그대로 상전벽해를 이룬 셈이다.
이들은 1,500년 전 고구려 수도 평양의 대동강을 가로지르는 다리
위로 달리던 우차와 마차, 고구려 벽화 속에 보이는 활달하고 풍요
로운 그 멋진 수레문화[7]를 이 시대에 재건해낸 주역이었다.

　실생활에 요긴한 용구나 기계, 유통수단을 개발하고 먹고 입는
재물을 풍부하게 하여 백성들의 삶을 풍요롭게 하라는 오랜 가르

7　김용만, 《고구려의 그 많던 수레는 다 어디로 갔을까》, 바다출판사, 2000.

고구려 오회분 4호묘 널방 고임 벽화에 묘사된 '이용후생'을 돕는 대장장이 신과 수레바퀴 신

침인 이용후생의 기치를 철강 신화로 일궈낸 포스코, 전자산업으로 꽃피운 LG와 삼성의 엄청난 성공은 송나라 사신 서긍이 감탄했던 천하제일 고려청자[8]의 전성시대를 떠올리게 한다. 송나라 도공들의 기술을 모방하기 시작해서 200년이 더 흐른 후에는 청출어람 세계 최고의 도자기 예술로 드높였던 고려의 도공들처럼 대한민국 전자산업은 불과 30~40년 전 미국과 일본의 기술을 모방하고 하청으로 일거리를 받아 하며 실력을 연마한 결과 현재 전 세계인들이

8 초창기의 고려청자는 수도인 개성을 중심으로 주로 경기도에서 송나라의 청자들과 똑같은 방식으로 제작되지만, 이후 강진과 부안으로 그 중심이 옮겨간 이후 가마의 건축부터 그릇의 제작까지 고려의 독자적인 양식이 생기고 '비색(翡色)'이라고 부르는 세련미 넘치는 색조가 등장한다. 청자의 종주국 사신으로 고려를 방문한 서긍은 이에 대해 '천하제일 고려청자'라는 말을 남겼다. 서긍(徐兢) 저, 조동원 외 역, 《고려도경》, 황소자리, 2005 참조.

고려시대 비색 청자 칠보 투각 향로, 국보 95호

모두 탐하는 걸작들을 생산하고 있다. 당국의 기술 제고 정책 및 현장의 장인들이 호응하며 세계 최고의 기술을 닦아 예술로 승화시킨 멋진 결과인 고려시대의 청자와 조선시대의 백자 생산은 상당한 재원과 행정력이 동원된 국가적인 사업이었다. 그에 버금가는 일을 20세기 후반 대한민국 정부와 재벌기업들이 해낸 것이다.

무역왕이라고 불리던 신라의 장보고가 이끄는 선박들을 회고하며 안타까워한 200년 전 조선의 실학자들, 그들이 이 땅에 다시 오면 몇 번이고 눈을 씻고 다시 보고 싶어 할 세계 최고의 조선 산업도 현대와 대우의 이름으로 부활했으니, 이들도 역시 1970년대 재벌의 육성과 수출주도의 경제 운영 방식으로나 가능한 일이었다. 이들은 18세기 후반 조선의 실학자들이 북경 시내를 둘러보며 겪은 충격과 부러움, 자괴감을 말끔히 씻어주었다. 임진왜란과 병자호란 이후 점점 더 걷잡을 수 없을 정도로 낙후된 현실을 극복하고 싶었던 그들의 열망은 200년 후 재벌기업의 활약을 통해 훌륭히 성취되었다고 말할 수 있다.

이제 한국 재벌기업은 세계에서도 무시하지 못하는 규모로 성장했다. 하지만 그런 빛나는 성취 이면에는 어두운 그림자도 짙게 드리워져 있다. 이는 재벌의 성장 과정과 관련이 있다. 기업 스스로의 노력도 상당했지만 재벌기업의 놀라운 성공스토리는 한국전쟁 후 정부의 주도로 IBRD국제부흥은행를 포함한 세계은행 등으로부터 차입된 자금의 분배, 국내 시장의 보호, 그리고 미국의 정책적 시장 개방 등 국가 차원의 대대적인 지원이 있어서 가능했다. 그 시기 우리 경제는 정부의 적극적인 지원 속에 수입 대체용 제품에서 수출 주도형 경공업 단계를 거쳐 중화학 공업의 산업단지 구축까지, 1962년에서 1981년 사이 20년 동안 연평균 GNP 8.4%라는 유례없는 급성장을 기록했다. 이 과정에서 재벌 중심 경제체제가 굳어졌는데, 당시로서는 나름대로 유효한 방식이었다. 하지만 오늘날 고착화한 재벌 중심 경제체제는 부의 집중과 경제적인 불균형을 심화해 국가 경제의 위험 요인을 증가시키고 있다. 예를 들면 여기 자료에서 보듯 삼성과 현대자동차의 2012년 매출액은 국내 총생산GDP의 35%, 영업이익은 국내 기업 전체의 22.4%, 시가 총액 대비해서는 36.5%를 차지하고 있다. 수출로 먹고 사는 한국 경제의 성패가 이들 두 기업에 달렸다고 해도 과언이 아닌 셈이다.

이런 경제 구조는 시장생태계를 왜곡시키고 결국 다양성을 소멸시켜 경제생태계 전체를 고사시킬 위험을 초래할 수 있다. 덩굴 식물인 칡이 온갖 나무를 타고 돌며 넓은 이파리로 덮어버리면 햇볕을 못 받는 나무들은 시름시름 앓게 되고, 울창하던 숲에 다양성이 줄어들면서 더 이상 감고 올라갈 나무들이 없어진 병든 숲에서는 칡 또한 버텨낼 재간이 없다. 따라서 1960년대부터 20여 년 동안 급성장하는 과정에서 정부가 방조하고 재벌이 스스로 만들어 붙이고 다닌 불투명한 지배 구조, 계열사 간 부당 지원, 문어발식

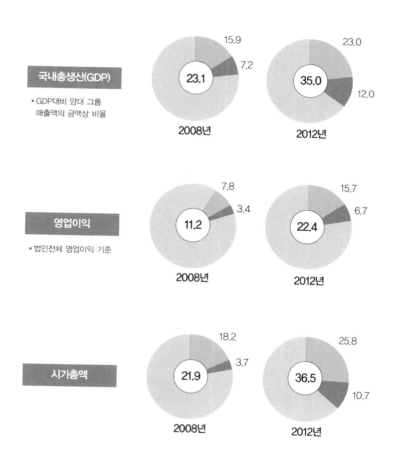

■ 삼성. 현대자동차그룹 경제 편중도

■ 삼성그룹 ■ 현대자동차그룹 ○ 양대 그룹 비중   (단위: %)

국내총생산(GDP)
* GDP대비 양대 그룹
  매출액의 금액상 비율

15.9
7.2
23.1
2008년

23.0
12.0
35.0
2012년

영업이익
* 법인전체 영업이익 기준

7.8
3.4
11.2
2008년

15.7
6.7
22.4
2012년

시가총액

18.2
3.7
21.9
2008년

25.8
10.7
36.5
2012년

* 자료: CEO스코어 · 연합뉴스

사업 확장, 비자금 조성 등의 불명예스러운 딱지는 이제 뗄 때가
됐다.

재벌과 정부정책

재벌이란?

- 기업소유자 또는 그 가족 및 혈족이 실질적으로 경영권을 행사하는 대규모 기업집단
- 상호 순환출자 고리에 의해 적은 지분으로 계열사의 경영권을 장악

60~70년대 정부 정책

- 소수 대기업에 자원을 집중하여 성장, 나머지 경제에도 파급 효과 기대
- 국내시장 보호, 관치금융 혜택을 통한 대기업 지원

明 : 고도 성장의 견인차

- 1962~1981년 연평균 GNP 8.4% 성장: 수입대체 경공업 → 수출 주도 → 중화학 공업

暗 : 내재적 문제점

- 불투명한 지배 구조 : 소유와 지배 권한의 괴리, 순환 출자에 의한 계열사 지배
- 상호 지급 보증, 과다 차입, 무분별한 사업 다각화, 문어발 경영
- 계열사 간 부당지원 : 부실 계열사에 의한 연쇄 부도위험, 가공자본 생성, 시장 왜곡
- 관치 / 정경유착
- 反기업 정서, 反재벌 정서 유발

괴리와 한계 ···· Global 경영환경에서 효용성이 다해, 용도폐기될 운명 (외환위기)

Global Standard

- 지배권의 정당성 : 소유지분에 의해 뒷받침되는 지배권
- 소유와 경영의 분리 : 책임 경영
- 경영 투명성, 재무 건전성 강화
- 상호 지급 보증 해소, 순환 출자 제한, 부당 내부거래 금지

대안적 지배구조

재벌이 지닌 문제점 가운데 가장 심각한 것이 지배구조이다. 복잡한 상호순환출자 구조에 기반한 기존의 재벌체제는 사소한 외부 충격에도 쉽게 무너질 수밖에 없는 아주 위태로운 구조적 결함을 안고 있다.[9]

가장 큰 문제는 소유와 지배권한의 괴리이다. 1% 미만의 지분으로 전 계열사를 실질적으로 지배하는 구조는 한 회사에 문제가 생기면 나머지도 도미노처럼 무너지게 만든다. 실제로 1997년 외환위기가 터지자 연쇄부도를 견디지 못한 몇몇 재벌기업은 해체의 길을 밟아야 했다. 당시의 한국이 외환위기를 피할 수 없었던 결정적인 원인 중 하나는 한국 기업의 재무제표가 도무지 믿을 수가 없는 수준이었다는 것이다. 재무구조의 병약한 현실을 감추는 편법으로, 재벌기업들 사이에는 분식회계가 워낙 일반화되어, 이익이 난 것으로 나와 있지만 이게 정말 이익인지 아니면 다른 계열사의 것을 빌려 온 것인지, 도저히 파악할 수가 없는 형편이었던 것이다. 이렇게 믿을 수 없는 장부들로 돌아가는 현실의 심각성에 외국 자본들이 일시에 빠져나가는 바람에 당장 지불해야 할 외화조차 바닥이 나는 사상 초유의 사태가 터졌던 것이다.

이런 위험을 깨닫고 근본적으로 문제를 해결한 곳이 LG다. LG

---

9 상호/순환 출자에 따른 각 재벌기업의 복잡한 지분관계를 보여주는 디지털 회로도처럼 복잡한 도표 및 더 상세하고 구체적인 내용은 공정거래위원회 홈페이지에 들어가면 확인할 수 있다. 참조, http://www.ftc.go.kr/

는 1997년 외환위기로 혹독한 시련을 겪은 후 3~4년에 걸쳐 뼈를 깎는 구조조정을 감행했다. 재무구조조정과 사업구조조정에 이어 소유 지배의 구조조정이라는 아무도 가지 않았던 길을 처음으로 갔던 것이다. 경영의 투명성을 높이고자 재벌체제를 지탱하는 핵심인 상호/순환 출자의 고리를 끊어내고, 대신 지주회사 체제로 지배구조의 양식을 바꾼 것이다. 말은 간단하지만 난마처럼 얽힌 상호출자와 순환출자 고리를 끊어내는 일은 어마어마한 작업이었다. 수없이 많고 복잡한 계열사 간 주식의 매각과 매입과정을 거쳐야 했고, 그 과정에서의 유동성 확보와 과세납부 이슈뿐 아니라, 비상장주식의 가격산정에 관하여 시민단체와의 이견으로 갈등을 겪기도 했다. 내부적으로도 지배주주들이 소유한 계열사 지분을 매각하여 그 매각대금으로 새로운 지주회사를 만들어 상장까지 시

키는 것이 과연 가능한 일인지, 경영권에 위협은 없는 것인지, 아무도 가보지 않은 길을 처음으로 가는 과정에서 모든 것이 불확실한 상황하에 적지 않은 불안감이 있었던 것도 사실이다.

LG는 이 지난한 과정을 겪고 모든 수순을 무난히 마

무리한 후, 드디어 2003년 재계 최초로 재벌체제를 벗어나 지주회사체제를 출범시킬 수 있었다. 이제 비로소 소유한 만큼 지배한다는 시장경제의 원칙에 입각해 지배권의 정당성을 확보한 것이며 투명경영이 가능해진 것이다. 이렇게 어려운 과정을 끝까지 마칠 수 있었던 것은 무엇보다 기업의 생존과 장기적인 지속가능성을 확보하기 위한 지배주주의 결단이 있었고, 또한 시대의 흐름을 제대로 읽어낸 전문경영인의 혜안이 있었던 덕이다.

▌ 2003년 3월, 한국 대기업 최초로「지주회사」체제로 전환

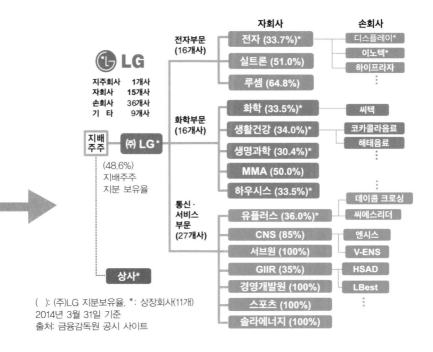

자회사   손회사

전자부문   전자 (33.7%)*   디스플레이*
(16개사)   이노텍*
                 실트론 (51.0%)   하이프라자
                 루셈 (64.8%)

🔵 LG

지주회사 1개사   화학부문   화학 (33.5%)*   씨텍
자회사   15개사   (16개사)   생활건강 (34.0%)*   코카콜라음료
손회사   36개사   생명과학 (30.4%)*   해태음료
기 타   9개사   MMA (50.0%)
                                 하우시스 (33.5%)*

지배   ㈜ LG*
주주   데이콤 크로싱
                통신·   유플러스 (36.0%)*   씨에스리더
(48.6%)   서비스   CNS (85%)   엔시스
지배주주   부문   서브원 (100%)   V-ENS
지분 보유율   (27개사)   GIIR (35%)   HSAD
                               경영개발원 (100%)   LBest
                               스포츠 (100%)
          상사*   솔라에너지 (100%)

( ): ㈜LG 지분보유율. *: 상장회사(11개)
2014년 3월 31일 기준
출처: 금융감독원 공시 사이트

이러한 LG의 지배구조 개선은 국내외 전문가들이 함께 칭찬하고 해외 언론에서도 높이 평가한, 대한민국 기업사에서 가장 획기적인 일로 기록되는 사건이었다. 그리고 이후 10년간 다음 도표에서 보는 바와 같은 상당한 성장을 이룰 수 있었다.

지주회사 체제 전환 이후 10년간 LG의 변화				
구분	시가총액	매출	고용인력	자산규모
2003년 말	19.1조	66조	11만 명	61조
2012년 말	76.7조	145조	22만 명	102.4조

소유지배구조의 혁신이 워낙 지난한 과정이다 보니 삼성, 현대 등 대부분의 대기업집단들은 아직도 상호순환 출자구조에 기초한 재벌체제를 벗어나지 못하고 있으며, 이에 대한 시급한 해결책을 촉구하는 전문가들의 다양한 의견이 줄을 잇고 있는 것으로 보인다.[10] 물론 재벌체제 지배구조 문제를 개선하는 대안과 관련해 지주회사체제라는 단 하나만의 대안이 있는 것은 아니다. 스웨덴의 발렌베리 가문이나 독일의 머크사 같은 형태도 있고 미국의 GE 같은 또 다른 형태도 있다. 그러나 어떤 모델을 따르더라도 반드시 확보되어야 할 원칙은 투명성transparency과 책임성accountability이다.

---

10 김상조, 《종횡무진 한국경제: 재벌과 모피아의 함정에서 탈출하라》, 오마이북, 2012; 장하성, 《한국 자본주의: 경제민주화를 넘어 정의로운 경제로》, 헤이북스, 2014; 장하준 교수의 〈필요하다면 삼성법도 좋다〉 《시사IN》 354호 기사, 2014. 6. 30.

즉 소유한 지분만큼 경영권을 행사하고, 경영권 행사의 결과로 나타나는 장단기 성과에 대해서는 책임을 져야 하는 것이다. 그럴 때라야 사회적으로 인정받고 존경받으며 장기적 안목으로 미래사업에 과감하게 투자하는 든든한 지배주주로서의 역할을 계속해나갈 수 있을 것이다.

월가를 점령하라!

지난 세기 말 동유럽 사회주의 국가들이 몰락하며 정치 이데올로기의 명분이 사라졌다. 대신 전 세계가 WTO라는 하나의 시장체계로 엮이면서, 세계적 거대 기업이 심각한 병후를 나타낼 때면 급속도로 그 여파가 전 세계 시장생태계로 퍼져나가는 현상들이 줄곧 확인된다. 엔론의 회계부정 사고 이후 5년 남짓 지나며 미국발 금융위기가 몰아쳤고, 곧 그 여파가 퍼져나가며 세계적 불황이 시작되었다. 그런데 미국발 금융위기의 본질 역시 규제완화와 정부의 방임 내지 정경 유착 등, 시장생태계의 건강과 균형을 지켜갈 수 있는 기본 원칙들이 지켜지지 않은 탓에 발생한 사건이었다. 결과는 어떠했는가? 안타깝게도 사고를 친 당사자들 대신 세계적으로 수억의 인구, 즉 금융기관들이 어떤 부도덕한 짓을 벌이는지 아무것도 모르는 개인들이 대신 고통을 겪고 희생을 치러야 했다. 생태계는 인드라의 그물처럼 서로 연결되어, 작은 떨림 하나라도 서로를 비추며 생태계 전체가 함께 그 영향을 받기 때문이다.

오늘날 '월가Wall Street'로 압축되는 금융자본의 무소불위 권력은 자본주의 시장경제의 오랜 미덕을 실추시키는 안타까운 현실이다. 잘 알다시피 2008년 9월, 미국의 대표적인 투자은행 리먼 브러더스의 파산과 세계 최대 보험사였던 AIG에 대한 구제금융은 세계적인 신용경색을 초래해 세계 금융위기를 촉발시켰다. 당시 고위급 경제 관료와 금융기관의 경영진, 신자유주의 경제학자로 이어진 동맹이 이 세계적 금융위기를 어떤 식으로 초래했는지, 문제의 핵이 왜 월가에 있는지, 2011년 작 다큐멘터리 영화《인사이드 잡 *Inside Job*》[11]은 그 사정을 잘 요약해 보여주는 수작이다.

영화《인사이드 잡》에서 계속 강조하지만 이는 사실상 지능적인 범죄행위였다. 일례로, 골드만삭스는 2007년 비우량주택담보대출 subprime mortgage을 증권화한 파생금융상품[12]을 고객들에게 팔면서 고객이 손실을 입을 경우에 자신들은 오히려 큰 수익을 얻을 수 있는 연계 투자를 해두고는 이 사실을 감쪽같이 숨겼다. 부동산 관련 상품을 판매한 골드만삭스는 이미 미국 부동산 시장의 몰락을 예견하고 있었다는 뜻이다. 결과적으로 이 상품을 창안한 당사자는 10억 달러(1조 원)의 엄청난 수익을 챙겼고, 그 틈에서 골드만삭스도 1,500만 달러의 수수료를 챙겼다. 이는 불법이고 엄연한 사기 행각이다. 결국 골드만삭스는 미국 증권거래위원회로부터 금융사기 혐

---

11 퍼그슨(Charles H. Ferguson) 감독의 《인사이드 잡(*inside job*)》 공개 영상물.
    http://www.dailymotion.com/video/x1zx56p_inside-job-full-movie-hd_shortfilms
12 파생금융상품(financial derivatives)은 환율이나 금리, 주가 등 시세변동에 따른 손실위험
    을 줄이기 위해 미래 일정 시점에 일정한 가격으로 상품이나 주식, 채권 등을 거래하기로
    하는 보험성 금융상품을 말한다.

의로 제소당했고, 5억 5,000만 달러의 합의금을 물어줘야 했다.

나아가 금융규제 완화와 자유무역을 주도하며 20조 달러가 넘는 피해 및 세계적 금융위기를 초래한 장본인으로 클린턴 정부와 부시 정부의 재무장관을 꼽는데, 이들은 월가의 대표적 투자은행인 골드만삭스 CEO 출신들이다. 오바마 대통령의 재무장관도 자신의 비서실장으로 골드만삭스의 로비스트를 고용한 것으로 알려졌다. 공화당과 민주당 양쪽 모두 선거 때마다 월가에서 거액의 선거자금을 지원받고 있으니 어느 당이 집권해도 미국은 변함없는 '월가의 정부'임을 영화는 강조한다. 금융위기 이후에도 미국 국민의 세금 중 10조 원 이상이 다시 이 엄청난 범죄의 핵심 주범인 골드만삭스를 살리는 데 들어간 사실로도 이는 증명된다는 것이다.

다시 한 번 눈여겨볼 대목은 영화에서 밝혔듯이 월가의 금융기관들은 어떤 사고에도 자신들은 손해 보지 않는 구조를 만들었다. 돈을 갚을 형편인지 아닌지를 확인도 하지 않은 채 파생금융상품을 만들어 팔고, 그 빚을 회수하지 못해도 자신들은 보험에서 보상을 받으니 안전한 대신, 여기 투자한 일반 소비자들은 손실을 뒤집어쓰는 것이다. 애초의 비우량주택담보대출subprime mortgage로 인한 관련 투자은행과 증권사의 파산은 미국 내 일이었지만 이는 곧 세계적인 규모의 지속되는 불황을 초래해 수억 명 인구가 훨씬 더 빈곤해진 것이다.

역사적으로 양극화 문제가 전혀 없었던 적은 없었다. 하지만 이번 세기에 들어와 지난 10여 년 동안 더욱더 심화된 양극화는 99%

라는 이른바 실패자들이 아무런 희망도 찾을 수 없게 한다는 점에
서 큰 우려를 낳고 있다. 갈등이 표출된 대표적 사건이 2011년 10
월 뉴욕 맨해튼에서 시작되었던 '월가를 점령하라Occupy Wall Street'
시위였던 것이다. 시위대는 무엇보다 세계적인 금융시스템의 부당
함과 금융 권력의 과도한 집중과 월권을 문제 삼았다. 급속도로 시
위가 확산되면서 미국 전역과 아시아, 중남미와 유럽, 오세아니아
와 아프리카 1,500여 개의 도시에서 동시다발적으로 그 목소리가
이어졌다. 일자리 고갈로 아무 전망이 보이지 않고 의기소침의 나
날을 보내던 많은 젊은이들이 처참한 현실의 원흉인 금융기관의
탐욕과 자산 배분의 불평등을 규탄했다. 유럽의 경우 금융 중심지
프랑크푸르트에 있는 유럽중앙은행이며 런던 증권거래소가 있는
도시 중심을 가로지르며 하나의 소리로 결집했다. '우리가 99%다'

를 외치는 시위대는 한국에서도 결성되어 여의도 금융감독원 앞으로 몰려가 "당국이 저축은행의 부실사태에 수수방관해서 서민들이 피해를 봤다"는 당시의 충격적인 사실에 분노하며 "금융자본주의의 횡포에 맞서자"고 외쳤다.

> 우리 99%는 '실패자'로 불린다. 하지만 진짜 실패자들은 월가에 있지 않은가? 우리 돈 수천억 달러를 그들이 날려버렸다. 2008년의 금융위기는 그들의 투기 탓인데, 그들이 저지른 손실과 적자를 우리가 채워 넣고 있지 않은가![13]

신자유주의와 세계화의 폐해에 대해 우리는 몇 년 전에 비해 그래도 많이 알게 되었다. 사회 전체의 균형과 안정을 위해 1930년대 미국에서 대공황 이후 도입된 여러 규제 및 안전장치의 빗장이 죄다 풀려버린 이후, 상식으로는 납득할 수 없는 엄청난 규모의 금융 비리들이 그칠 새가 없이 터져 나오고 있다. 이러한 현실에 대해 최근 한국을 방문해 깊은 감동을 남기고 간 프란치스코 교황은 "규제 없는 자본주의는 새로운 독재"라고 일갈하고 있다.

> "소수의 소득이 기하급수적으로 늘어나는 동안, 대다수가 이 행복한 소수가 누리는 번영과는 더욱 거리가 멀어지고 있습니다. 이러한 불

---

13 슬라예보 지젝, 《프레시안》, 2011년 10월 13일.

균형은 시장의 절대 자율과 금융 투기를 옹호하는 이념의 산물입니다. 이 이념은 공동선을 지키는 역할을 맡은 국가의 통제권을 배척합니다. 그리하여 눈에 보이지 않고 때로는 가상으로 존재하는 새로운 독재가 출현하여 일방적이고 무자비하게 자기 법과 규칙을 강요하고 있습니다."[14]

21세기에 들어선 이후 지난 10여 년 동안 벌어진 암울한 퇴락의 현상들은 우리 인류의 앞길을 가로막는 치명적 장애물이다. 비싼 등록금을 낸 덕분에 전문교육을 받고 역량을 개발한 인재들이 이렇게 지능적으로 참담한 일을 도모하고 있으니, 인류에게는 정녕 아무런 희망이 없는 것인가? 아니, 분명 희망도 있다. 지구촌의 시장생태계가 여기저기서 쑥대밭이 되고 있지만 전쟁터에서 태어난 튼실한 아기처럼 위로와 용기를 주는 희망의 기업들이 있다. 이들이 상처를 치유하고 망가진 생태계를 복원하는 광경도 곳곳에서 찾을 수 있다.

희망의 기업들

작은 예들은 제법 많다. 자본주의 시장경제 체제의 대안으로 종종 거론되는 협동조합의 성공적 사례로 특히 스페인 바스크 지역의 작은 마을 몬드라곤이 꼽힌다. 바스크 지역은 스페인어와 전혀 뿌

---

14 교황 프란치스코 저, 《복음의 기쁨》, 한국천주교주교회의 번역, 2014.

리가 다른, 오히려 한국어와 같은 교착어膠着語 계통의 말을 쓰는 독자적 문화와 민족적 자부심이 남다른 곳이다. 이런 전통 탓에 스페인 중심부와 갈등이 이어졌고 급기야 나치와 결탁한 독재자 프랑코 총통의 무지막지한 융단 폭격으로 이 지역의 독립의회가 있던 게르니카는 비극적 희생의 제물이 되었다. 그 도시는 한국전쟁을 그린 〈한국에서의 학살〉과 함께 피카소의 작품으로 더욱더 불멸의 이름이 되었다. 원래의 협동조합은 이런 내전으로 심각하게 폐허가 된 마을 몬드라곤에 부임한 호세 마리아José María Arizmendi, 1915~1976 신부의 주도로 갱생의 자구책을 모색하느라 시작된 일종의 농촌 살리기 운동이었다.

몬드라곤 협동조합은 다섯 명의 일꾼이 단순한 기계를 만드는 공장에서 출발했다. 공동체의 운영을 위한 협력, 사회적 책임, 기

파블로 피카소, 〈게르니카〉, 1937년

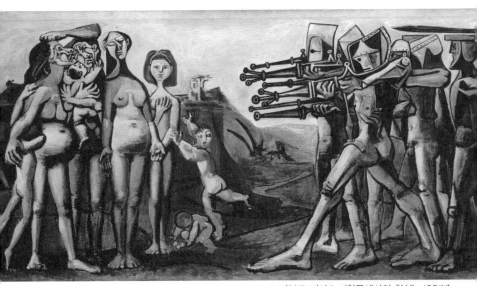

파블로 피카소, 〈한국에서의 학살〉, 1951년

술개발과 혁신, 노동의 존엄 및 참여의 원칙을 고수한다는 점에서는 부패와 태만으로 실패해버린 사회주의 경제체제와도 비슷해 보인다. 하지만 훨씬 효율적 경영방식으로 벌써 60년이 넘는 세월 동안 꾸준히 성장해왔다. 자발성과 공동의 원칙을 엄격하게 고수하며 공유지의 비극을 극복한, 오스트롬이 연구한 오래된 마을공동체들과도 닮은 점이 아주 많다. 오늘날은 스페인에서 매출 7위, 고용 규모 3위를 자랑하는 대기업으로 20여 개국에도 진출해 80여 개의 전자 및 기계 분야 첨단 산업뿐 아니라 유통과 금융까지 200여 개 법인에 8만 명이 넘는 인력의 거대 조직이다. 하지만 몬드라곤의 대표 격이었던 전자업체 파고르Fagor조차 2008년의 미국발 금융위기에 따른 타격을 못 견디고 2013년 말 파산했다. 최근 한국을 방문한 몬드라곤대학의 이투랄데Iosu Zabala Iturralde, 1952~ 총장은 파고르에 대해서 다음과 같이 말했다.

"몬드라곤 공동체가 환상적인 유토피아라고는 할 수 없다. 기적의 모델도 아니다. 다만 우리는 혁신, 교육, 새 제품의 생산 등을 통해 여러 어려움들을 극복해왔다. 몬드라곤의 모태이기도 한 파고르는 한때 우리들 전체 소득의 7%를 차지하던 회사였다. 스페인의 가전제품 생산 회사가 대부분 망했던 1986년에도 파고르는 살아남았다. 하지만 기업은 사람과 같은 생명체여서 태어나서 성장하고 죽는다."[15]

---

15 《프레시안》, 2014년 2월 24일.

무엇보다 일자리 생태계의 지속가능한 대안을 모색하고 실험하는 현장 몬드라곤은 노동자의 천국으로도 불리는데, 이들은 경기 침체 시에 연대책임을 통해서 사업의 전체 규모가 줄어도 일자리를 더 많이 만들어 실업자가 생기지 않게 한다는 공동체의 오랜 원칙을 유지하고 있다.

　이런 정책은 단기적인 '이윤의 극대화'와는 거리가 멀다. 무엇보다 기업의 존재 이유에 대한 소신과 원칙을 지키며 60년이 넘는 세월 동안 꾸준히 성장하며 깨우친 그들 나름의 전략이 힘을 발하지 못한다면 이는 공멸할 수도 있는 시스템이다. 자본주의 체제 안에서 개발된 협동조합의 기업 양식이 신자유주의의 대안으로 제 몫을 다하고 더욱 다양한 실험들이 꾸준히 열매를 맺게 되기를 기대한다.

　굳이 협동조합 원칙을 고수하지 않아도 '더 나은 사회'를 위한 노력을 기업의 기치로 삼고 다양한 방식으로 창조적인 해법을 시도한 사례는 무궁무진하다. 예컨대 자본주의 시장경제의 불필요한 해악을 멀리하고 '건강한 생명체로서의 기업'을 추구하는 노력들이 적지 않다. 무엇보다 친환경적인 제품 생산은 이들의 필수 미덕처럼 보인다. 흥미로운 점은 유럽과 미국에서 1970년대 동양철학과 종교에 심취해 서구 중심 이성주의에 반발하고, 특히 베트남 전쟁을 반대하며 '사랑과 평화'를 노래하던 히피 문화를 비롯해 여러 주변문화에 기울던 젊은이들이 삶의 대안을 찾고 기업가 정신을 발휘하며 이런 실험을 했다는 사실이다. 1976년 자연주의로 시작해 화장품 업계에 흥미로운 돌풍을 일으켰던 영국 바디샵의 애니타 로딕Anita Roddick, 1942~2007이 그랬고, 유기농 가게로 출발해 공정무역의 반듯한 해법으로 제3세계 원산지의 주민들과 진정한 공생의 길을 찾아낸 독일의 기호식품 생산회사인 레벤스바움Lebensbaum (생명나무라는 뜻)도 탄생과 성장 및 다양한 방식의 참신한 모험들로 더 나은 사회, 더 풍요로운 시장생태계를 만들어내는 모델이 되었다. 이후 이들의 생태주의 노선뿐 아니라 생태주의 경영기법을 따르는 실험들이 곳곳에서 성공적인 결실을 맺어 꾸준히 확산되고 있다.

각성의 시대Consciousness Age

유럽의 경우 1980년 전후로 녹색정치가 시작되면서, 기업경영의 모든 기준에 지속가능성의 원칙 및 환경적 규범을 적용하는 환경경영 매뉴얼이 정착되었다. 생산 영역에 따라 생태적인 이상과 사회적인 이상을 동시에 실현하는 다양한 기법도 개발되었다. 이런 작업을 주도적으로 이끌어가는 독일의 경우 이미 이런 기업이

1,000여 개쯤 된다. 특히 1984년 '환경경제인연합회B.A.U.M.'[16]가 설립된 이후 세제 혜택을 비롯한 국가적 지원제도를 꾸준히 강화시켰고, 제품의 원료 및 에너지 재활용에 필요한 다양한 기술혁신에도 공동의 노력을 기울이고 있다. '위기에 처한 지구생태계의 문제는 우리 손으로 해결'하겠다는 이들의 공익적인 야심은 종종 노동자 스스로 자기 삶의 의미와 각성을 추구하는 계기가 된다는 점에서 더 감동적이다. 공동선을 추구하는 이런 작업은 상명하달식 지시나 팀원들의 경쟁으로 성취되는 게 아니어서, 일반 기업 조직에서 문제가 되는 사일로 현상[17] 같은 건 상상하기 어렵다. 대신에 '지구시민'이라는 공동체 의식으로 소소한 사안에도 자연의 창조성을 배우고 현장에 적용하는 사례가 꾸준하게 축적되었다.

　지속가능한 경영은 단지 기업의 관리 차원이 아니라, 제품 디자인과 포장 및 유통, 직원들 사이의 문제해결 과정에도 앞 장에 소개한 생태계의 두 가지 법칙을 근거로 기대 이상의 효과를 만들어내고 있다. 예를 들어 종업원지주제 및 협력업체와 공동운명체가

16 2014년 올해 30주년을 맞은 독일의 환경경제인협회(B.A.U.M. eV., 일반 명사로 나무라는 뜻)는 일찍이 환경문제의 중요성을 깨우친 빈터(Georg Winter, 1941~)가 자신의 기업에 환경경영 팀을 운영하며, 지속가능한 성장에 필요한 기초 매뉴얼을 마련해 이를 적용하고 보완하며 꾸준히 보급하는 과정에서 결성되었다. 함부르크 '미래의 집(Haus der Zukunft)'에 본부를 둔 이들의 활동은 '지속가능한 경영' 전문가의 증가와 함께 현재 수십 개 대학에서 관련 연구소들의 활동으로 더 활기를 띠고 있다.

17 사일로(silo)는 원래 곡식을 저장해두는 원통형 창고를 말하지만, 기업에서는 조직 내 부서 사이의 장벽이나 부서 이기주의를 뜻한다. 즉 '독자적인 능력을 갖추고 있어 다른 부서와 협력하거나 활발한 의사소통을 하려는 의지가 부족한 현상 혹은 부서 그 자체'가 사일로이다. 실적 쌓기 경쟁을 부추기는 상황에서 발생하기 쉬운 대표적인 악순환에 속한다.

레벤스바움 녹차 생산자 마을과의 공생

되는 파트너십으로, '남이 가져간 만큼 나는 잃는' 제로섬 게임이
아니라, 자연과 호흡하며 서로의 상상력과 창조력을 일깨우고 함
께 번영하는 생태주의 양식의 교육 프로그램들도 개발되었다. 이
런 식의 선순환 협력 프로그램들은 노사 양측의 상호 이해와 소통
을 넘어 공존과 공생의 협조체계로 발전하여, 하나의 생명체로서
기업의 건강성을 지켜가는 든든한 기반이다. 무엇보다 지구생태계
의 위기와 관련해 대안적인 삶을 추구하는 가운
데 틈새시장을 찾아낸 사례가 많다. 욕망과
소비의 강박에서 벗어나 정신적 조화와 영적
충만을 추구하며 인간 의식의 각성을 추구하
는 새로운 흐름은 오늘날 지구의 위기상황을 대

체하는 새로운 문명에 대한 열망과 함께 시장생태계에서 그런 틈새를 찾아 확장시키는 도전에 각별한 의미와 희망을 주기 때문일 것이다.

영국의 미래학자 러셀Peter Russell, 1946~의 《깨어나는 지구 두뇌The Global Brain》[18]에 따르면 미국에서 2차 산업과 3차 산업의 종사자 수가 같아진 1975년, 공장 노동자와 사무직 노동자의 수가 비슷해진 이 무렵을 정보화시대의 진입기로 상정한다. 그는 이 자료를 토대로 농업혁명 이후의 수천 년, 산업혁명 이후 수백 년, 정보화혁명 이후 수십 년이 지나면서 사회 전반으로 의식혁명이 확산된다는 해석을 덧붙인다.

의식혁명이란 농업혁명과 산업혁명에 이은 정보화혁명 이후의 커다란 흐름을 말하는데, 여기서는 인간의 의식 수준과 정신력의 성장을 향해 지구촌 시민들이 함께 마음을 모아서 도道 닦는 일에 몰두하며 영적인 진화를 시작한다는 주장은 아니다. 앞에서 이야기했던 '생명을 위한 자양분'의 출처, 사업의 주된 영역에 획기적 전환이 일어난다는 것을 말한다. 수백만 년이 넘는 세월, 수렵과 채집으로 생명을 위한 자양분을 얻던 원시 인류가 일정 지역에 정착하거나 유목하며 살림을 안정시켰던 전 지구적인 차원의 커다란 변화, 여기에 기대어 오랜 인류 문명들이 시작되었기에 이를

---

18 Peter Russell, *The Global Brain: The Awakening Earth in a New Century*, Rudolf Steiner Pr., 2008.

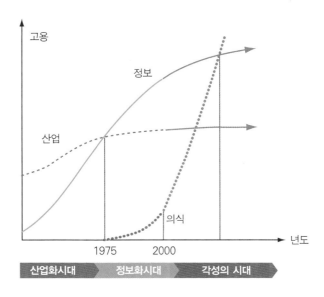

농업혁명이라고 부른다. 그리고 수천 년이 지난 후 더 이상 농촌에서는 밥벌이를 할 수 없게 되는 여러 정황이 맞물리면서 점점 도시로 노동인구가 내몰리는 현상이 벌어졌는데, 이른바 산업혁명의 여파로 이전의 가내 수공업 차원과는 판이한 대량 생산체계로 인해 급격한 인구 이동이 이루어졌다. 사무직을 포함한 서비스업종으로 인구가 이동하며 3차 산업 종사자 비율이 더 커지는 20세기 후반, 컴퓨터의 등장과 함께 지식정보와 관련한 다양한 일자리가 급증하며 새로운 양식의 '생명을 위한 자양분'을 공급받는 기회가 생겨난 것이다.

물질을 넘어 여러 사유 및 창조적 아이디어들이 산업의 재료가 되므로 이는 가져다 쓰면 쓸수록 더 재료가 늘어나는 흥미로운 현상이다. '의식혁명'이라고 이름 붙였으나 실제로는 의식뿐 아니라 무의식의 세계까지 끌어낸 상상력과 판타지, 이들을 스토리텔링 방식으로 엮는 다양한 콘텐츠는 이미 의식혁명시대의 산업 자원으로 널리 활용되고 있다. 교육 정도가 급격히 상승된 결과로 빚어진 문화적 변동으로 파악할 수도 있으나, 시장생태계라는 관점에서 보면 지식정보산업과 관련해 이른바 '의식consciousness 산업'의 틈새가 벌어져, 조만간 더 큰 규모로 확장되리라는 예측이다.

의식 산업이라 하면 먼저 월가 사람들에게 필수적인, 실적에 대한 압박과 경쟁에 따르는 피로감, 혹은 몸과 마음의 만성적 불균형을 해소하는 요가나 명상센터의 증가 정도로 떠올릴 수 있다. 이런 피상적인 수준도 포함되겠으나 그보다 인간 의식의 다양한 면모를 떠올리면 이른바 의식혁명 혹은 의식 산업을 전혀 다른 지평에서도 생각해볼 수 있다. 현대인들을 상대로 이전에는 각별한 의미를 깨닫지 못했던 개인적인 치유와 회복 그리고 행복을 제공하는 온갖 활동 모두를 '의식 산업'의 영역으로 분류한다면, 의식주와 관련한 모든 산업은 앞으로 물질적 만족감에 더해 치유와 감동을 준비하고 제공해야 한다는 낯선 과제를 안게 될 것이다. 이른바 각성의 시대, 의식혁명시대의 참뜻을 이해하려면 현재 진행 중인 문명적인 변화의 특성들을 좀 더 다양한 시각과 안목으로 살펴볼 필요가 있다.

인간 의식은 기계로도 모방이 가능한 단편적 정신작용의 차원도 있고, 텔레파시나 예지몽처럼 일상적 시공간의 제약을 넘어 다른 존재들과 공명하며 정보의 교류가 발생하는 차원도 있다. 서양 전통은 눈과 귀, 코와 혀, 피부감각의 오감五感을 꼽는데, 동양에서는 여기에 생각의 층위까지 여섯 가지 의식에다 무의식의 두 가지 층위를 더해 모두 여덟 범주로 우리 존재의 의식 기능을 이해한다. 이는 세상에 존재하는 것은 모두 우리 '의식의 투사일 뿐'이라는 불교의 오랜 전통 '유식론唯識論'에 따른 것으로, 이 중에 일곱째 층위는 자아ego에 대한 집착과 번뇌가 끊임없는 무의식의 층이다. 인간관계에서 비롯하는 여러 갈등의 문제가 여기에서 비롯하지만 이를 씻어내면 나와 나 아닌 것의 차별이 사라져서 대자대비한 마음을 발휘할 수 있다고 한다. 나아가 이생과 전생의 정신적 행위와 육체적 행위가 꾸준히 저장된 이른바 업장業藏이 무의식의 바닥인 여덟 번째 층으로, 우리들 마음의 작용에 따라서 이는 재현되거나 소멸될 수 있다. 무의식의 세계가 열리면 이따금 신비 체험을 하는 경우가 있지만 이에 심취하면 미혹에 빠질 위험도 커서 이는 삼가며 살펴야 할 것이다.

결국 인간이 갈구하는 치유와 회복이란 아마도 이들 여덟 층위를 두루 편안하게 하는 것이리라. 그런데 그것은 어긋나버린 우리 몸과 마음의 부스러기들이 제자리를 찾아 다시 이어질 때, 온 몸과 마음에서 불편함이 사라질 때 효력이 발동한다고 말할 수 있다. 경험에 따르면 이런 감각 역시 언제나 배움을 통해서 깨어난다. 그건 눈에서 비늘이 떨어지며 앞이 환해지는 큰 깨우침일 수도 있으나 막연히 알고 있던 혹은 알고 싶었던 어떤 진실의 끄나풀이 살짝 풀려 생존경쟁과 승자독식이라는 고약한 현실에서 비루한 신세로 느껴지던 허물이 스르르 벗겨지고 우리의 본래 자리를 확인하는 그런 경험일 때가 많다. 예컨대 사소한 일에도 신뢰가 쌓이는 관계에서 감동이 이루어지고, 번번이 실망한 기억에서 풀려나며 더께 앉은 상처들에 치유가 가능해진다. 이러한 치유의 과정에서 우리는 정신적 성장과 성숙의 의미를 깨닫곤 한다. 도움을 베푸는 일, 다양한 이해당사자들을 대상으로 한 해독제 노릇을 이제 기업이 맡아야 하는 시대가 되었다. 시장생태계에서 지속가능성을 지켜가고자 하는 기업들은 능동적으로 이런 성격의 활동에 기꺼이 동참해야 할 것이다. 그런데 기업의 역할이 사회적인 해독제라니, 그게 대체 무슨 뜻인가?

깨어 있는 자본주의

요즘 유행하는 한국식 표현으로는 '착한 자본주의' 정도가 될 것이다. 여기에는 기업의 태도 자체가 소비자를 포함한 이해당사자들 모두에게 감동을 주고, 자본주의 시장생태계의 활력을 높인다는 뜻이 담겨 있다. 이름 붙이기 나름이지만 미국의 경우 이를 '깨어 있는 자본주의conscious capitalism'라 하여, 같은 제목의 책이 2013년에 출간되었다.[19] 영어의 conscious에 대한 '깨어 있다'는 번역은

---

19 John Mackey · Raj Sisodia, *Conscious Capitalism*, Harvard Business Review, 2013.

앞에서 얘기한 의식혁명에서 의식consciousness과 같은 맥락이고, 한편으로는 '각성했다'는 뜻이니 시장생태계의 본래적 특성을 깨닫는 일에서부터 우리들 존재의 심연을 밝히려는 노력까지도 모두 이런 영역에 포함된다.

유럽 사회에서 200여 년 전, 무지몽매에서 대중을 깨워 맑은 정신으로 세상을 보고 판단하고 행동하는, 즉 이성적 존재로 거듭나기를 촉구했던 계몽주의Enlightenment라 불리던 사회적 각성이 근대modernity를 촉발했던 데 비해, 사회와 문화 전반에서 이른바 탈근대post-modern를 도모하는 이 시대 새로운 계몽주의는 이성을 넘어 감성과 영성의 잠재력을 깨우친 성숙한 존재로 우리 자신을 고양시킨다는 의미가 담겨 있다. 《깨어 있는 자본주의》의 제일 저자인 존 매키John Mackey, 1954~의 표현을 빌리면, "어릴 때 우리는 자기밖에 모른다. 내가 필요한 것, 내가 원하는 걸 충족하면 그만이다. 하지만 몸과 마음이 자라고 시야가 좀 넓어지면 가족과 친구, 이웃과 국가를 위해 우리가 더 할 일들을 깨닫게 된다. 그리고 점점 더 시야가 넓어지면, 나와 직접 관계를 맺고 있는 사람뿐 아니라 인류 전체, 아니 살아 있는 모든 것에 대한 사랑으로 우리의 손길을 뻗을 수 있다". 이는 일종의 종교적인 각성으로도 볼 수 있는데, 여기서 존 매키가 강조하는 우리 시야의 확장, 몸과 마음의 성장과 성숙은 《도덕감정론》에서 애덤 스미스가 상정한 공감하는 개인의 기본 조건으로, 사회적인 개인으로 변모한다는 뜻이다. 우리 존재의 업장을 씻어내는 활동에 적극적으로 참여하며 요즘 말로는 사

존 매키, 《깨어 있는 자본주의》의 공동 저자

회의식이 있는, 더 나아가 깨어 있는 개인으로 거듭나는 것이다. 그 과정에서 요구되는 영성 수련은 그러니까 우리가 속한 사회를 좀 더 살 만한 곳으로 바꾸는 일에 동참하면서 지구생태계의 다른 존재들과 공명하게 되는 것으로, 이를 통해 무의식에 쌓인 업장까지 소멸되어 존재의 진정한 힘을 발휘할 수 있게 되는 것이다.

각성한 개인들이 기업 활동을 하며 위기에 처한 우리 지구공동체의 운명을 구원할 수 있다는 뜻이니, 이는 어쩌면 종교적인 실천처럼 들릴 수도 있다. 하지만 이는 우리의 후손들을 위해 해결해야 할 이 시대 인류가 떠안은 가장 시급한 과제로서, 예컨대 에너지와 자원의 절감 및 혁신적 재활용은 모든 기업들이 함께 해결해야 할 아주 구체적인 사안이다. 나아가 "기후변화 방지에 필요한 비용을 감당할 수 있는지 묻기 전에, 무엇이 그런 노력들을 막고 있는지, 누가 왜 그런 노력을 방해하고 반대하는지를 따져 물어야 한다. 함께 힘을 모아서 기후변화 대응에 회의적이거나 수세적인 세력에 맞서야 한다. 국가 지도자와 정책 책임자들에게 지금 이 순간 행동해야 한다고 설득할 수 있는 과학자, 경제학자, 사업가를 지원해야 한다"고 얼마 전 유엔 사무총장도 우리 모두를 향해 다급하게 호소했다.[20]

이런 활동에 동참하는 것은 앞에서 말한, 인류에게 만족을 넘어 감동을 주어야만 하는 21세기 기업의 지속가능성을 위한 새로운 과제이다. 애덤 스미스가 살던 시대에는 의식주에 필요한 빵과 고기 혹은 포도주를 아무 때라도 해당 가게에 들러서 구입할 수만 있다면 그것만으로도 충분히 감동할 만한 일이었으나, 이제는 상황이 크게 달라졌다. 무엇보다 위기에 처한 지구생태계에서 살고 있는 우리의 몸과 마음뿐 아니라 우리가 거처하는 이 지구생태계가 지속가능할 수 있도록 앞장서서 노력하는 기업이라야 비로소 이해당사자들이 감동하게 되는 시대가 되었다. 바로 이런 의미에서 기업은 현대사회에서 인류의 큰 꿈과 다양한 열망을 실현할 수 있는 굉장한 가능성뿐 아니라 그걸 실천할 힘도 가지고 있다는 점을 다시 한 번 강조하고 싶다.

존 매키는 1978년, 텍사스 오스틴의 작은 식료품점에서 출발해

---

20 반기문, *The Huffington Post*, 2014년 9월 3일.

이제는 미국 최대의 유기농 슈퍼마켓 체인점인 '홀푸드마켓Whole Foods Market'을 창업했고 현재는 이사회 의장직을 맡고 있다. 1998년 이후 《포춘Fortune》지가 선정한 '가장 일하고 싶은 100대 기업'에 계속 선정되었고, 2006년 《월스트리트저널WSJ》에서 시행한 기업의 명성 조사에서 기업의 사회적 책임CSR[21] 부문 1위로 선정된 이 회사는 2008년 금융위기 이후의 세계적 경기 침체 속에서도 매년 10% 이상의 매출신장을 기록하며 유통업계뿐 아니라 산업 전반에서 새로운 기업의 모델로 각광받고 있다. 유기농 제품만을 취급하며 급성장을 지속한 결과 이제는 미국 연방정부에 '유전자변형농산물GMO 표시제도' 시행을 압박할 만큼 막강한 영향력을 발휘하는 업체가 되었다. 2018년까지 자체 GMO 표시제를 시행키로 하자 다른 유통업체들도 이를 따라나설 정도이다.

자유주의 시장경제를 표방하는 미국의 대표적인 잡지 《리즌 Reason》은 2005년 10월호에서 자칭 자유주의자Libertarian라는 존 매키를 초대하여, 미국 경제학의 중심인 시카고학파의 수장으로 1976년 노벨상 수상자이자 오늘날 신자유주의의 대변인으로 불리는 프리드먼Milton Friedman, 1912~2006과의 토론을 게재했다. 여기서

---

21 기업의 사회적 책임(Corporate Social Responsibility), 즉 기업이 생산 및 영업활동 외에 환경경영 및 윤리경영, 사회공헌 등 사회 전체에 이익을 추구하는 활동을 뜻하는데, 세계적인 표준화 작업을 통해서 점수를 매기는 방식도 도입되었다. 하지만 국내 기업 중에는 불법과 편법, 탈법 후에 상당한 처벌을 피하기 위한 눈가림으로 이를 악용하여 CSR의 본질적 의미를 퇴색시키는 경우가 빈번하다. 이에 대한 상세한 내용은 175쪽에서 다시 살피기로 한다.

존 매키의 열정적 논지가 펼쳐지는데 기업의 존재 이유에 대한 극명한 입장 차이가 잘 드러나, 기업의 사회적 책임에 대한 이 둘의 논쟁은 미국의 대학에서 자본주의 경제이론의 대립되는 두 입장을 비교하는 논술 텍스트로도 유명해졌다. "자본주의 사회에서 기업의 책임은 어디까지나 주주 이익의 극대화"라는 전형적 자유방임주의 신봉자 프리드먼의 주장에 대해 존 매키는 "사람은 먹지 않으면 살 수가 없고, 기업도 이익이 나지 않으면 존재할 수가 없다. 하지만 사람이 먹기 위해서만 사는 게 아니듯 기업도 이익을 내려고 존재해서는 안 된다"고 강력하게 주장한다.[22] '깨어 있는 자본주의'의 입장을 피력하는 그의 주장은 도덕적인 당위성을 말하는 게 아니라는 점에서 더욱 주목할 가치가 있다.

고객들의 만족과 직원의 행복을 무시하거나 지역사회의 지지를 받지 못하는 '이윤 극대화'는 무엇보다 자신의 경험을 근거로 기업의 지속적인 성장을 지켜줄 수 없다는 점을 그는 상세히 밝혔다. 작은 식료품 가게에서 출발해 30년이 넘도록 불황을 모르고 꾸준하게 성장하며 참신한 성공신화를 이루어낸 기업가로서 자신의 현장 경험에 의거한 생생한 증언을 한 것이었다. 이제 세계적으로 저명인사가 된 존 매키는 인터뷰나 자신의 블로그에 '자본주의는 사회의 필요악이므로, 해체가 아닌 개선의 대상'이라고 강조하며 자신의 기업철학, 혹은 구체적인 대안과 해법을 제시한다. 존 매키가

---

22 《리즌(Reason)》 2005년 10월호 http://reason.com/issues/october-2005 참조.

정리한 '깨어 있는 자본주의', '깨어 있는 비즈니스conscious business'
의 네 가지 기본 원칙은 다음과 같다.

① 기업은 높은 이상을 실현할 수 있는 잠재력이 있다. 그건 수
   익이나 주주 가치의 극대화를 넘어서는 것으로, 깨어 있는
   자본주의의 첫 번째 원칙은 사업에는 주주가치의 극대화보
   다 훨씬 더 사회적이고 깊이 있는 기업의 존재 이유가 있다
   는 사실을 인식하는 것이다.
② 기업은 투자자 외에도 여러 중요한 이해관계자가 있다. 고
   객과 종업원, 협력업체 들과 지역공동체 그리고 환경, 이들
   은 서로 연결되어 있으며 상호의존적이다. 자본주의는 기업
   활동을 통해 이 다섯 부류의 이해관계자들이 공유할 중요한
   가치를 창출하는 방식이다.
③ 기업은 각별한 리더십을 요구한다. 개인적 이해가 아닌 기
   업의 가치와 사명을 우선시하는 섬김의 리더, 깨어 있는 리
   더들은 기업의 존재 이유를 실현시키기 위해 노력할 뿐 아니
   라 여러 이해관계자들의 다양한 가치를 동시에 충족시키기
   위해 기업의 잠재력을 최대한 발휘할 수 있는 길을 찾는다.
④ 기업의 존재 이유와 이해관계자의 원칙을 지지하고 육성하
   는 문화가 조직 안에 형성되어야 한다. 그런 각성을 공유하
   는 문화가 없다면, 언제라도 원칙은 쉽게 흔들린다.

'깨어 있는 자본주의'는 앞에서 말한 대로 기업의 확고한 존재목적, 기업과 관련한 다양한 이해관계자들의 공유 가치, 깨어 있는 리더십과 이를 수용하는 조직문화, 이 네 가지 요소로 규정할 수 있다. 여기서 이해관계자들의 입장이 다를 수 있고 특히 주주들의 입지가 위축될 것이라는 우려가 있겠지만, 존 매키의 경험에 따르면 "깨어 있는 자본주의는 긴 안목으로 주주의 가치를 더 확실히 창출하고 수익을 극대화하는 최상의 전략"이다. 왜냐하면 서로 다른 이해관계자의 다양한 입장은 장기적으로 더 안전하고 충실하게 시너지 효과를 내며 기업의 높은 이상은 종업원의 헌신과 고객의 충성, 협력업체들의 우호적인 지원을 불러일으켜, 사업의 꾸준한 번성과 더 높은 매출 그리고 이윤을 얻을 수 있게 되는 것이라고 그는 증언한다.[23]

사랑받는 기업

존 매키와 《깨어 있는 자본주의》를 함께 쓴 미국 뱁슨대학Babson College의 시소디아Raj Sisodia, 1958~ 교수는 홀푸드를 포함하여 그와 같은 가치를 공유하고 실천하는 기업들의 여러 면모를 연구했는데, 이 회사들은 공동선의 가치를 실현한다는 점뿐만 아니라 수익성 면에서 그 탁월성이 입증된다는 점이 더욱 놀라웠다.

---

23 www.youtube.com/watch?v=p7IIwkLDNFU

이를 정리한 저서 《사랑받는 기업Firms of Endearment》[24]에서 그는 먼저 1996년에서 2006년까지 10년간 S&P 500지수[25]에 편입된 기업들의 평균 누적 주식 투자수익률을 122%로 계산했다. 한편 구글과 젯블루, UPS, 이베이, 아마존, 코스트코, 혼다, 존슨앤존슨, 사우스웨스트항공, 스타벅스, 홀푸드 등 '사랑받는 기업들'의 같은 기간 누적 투자 수익률은 1,026%로서, 무려 8배가 넘는 것으로 밝혀졌다. 그리고 '사랑받는 기업들'의 공통점을 찾아본 결과, 무엇보다 중요한 것은 '이윤 극대화'가 아니라 기업을 둘러싼 다양한 이해관계자들에게 혜택을 제공하는 것, 더 큰 목적을 추구하는 것이라고 결론지었다. 한편 이 책의 개정판에서는 '사랑받는 기업들'과 S&P 500 지수에 들어간 500개 기업의 1996년부터 2011년까지 15년간의 주가상승에 따른 누적 투자수익률을 비교하고 있는데, 이들의 평균 투자수익률은 1,646%로 S&P 500지수 기업들의 평균치인 157%의 10배가 넘었다. 콜린스Jim Collins, 1958~가 2001년 그의 대표 저서 《좋은 기업을 넘어 위대한 기업으로good to great》에서 '위대한 기업'으로 선정한 11개의 기업 평균 투자수익률인 177%보다도 10배에 가까운 놀라운 결과였다. 이는 이 책의 초판에서 다룬

---

24 시소디아는 《사랑받는 기업(Firms of Endearment)》 초판에서 1996년부터 2006년까지의 자료를, 재판에서는 2011년까지 15년간의 자료를 실어 그 변동 사항을 상세히 밝혔다. Raj Sisodia, *Firms of Endearment: How World-Class Companies Profit from Passion and Purpose*, Pearson FT Press, 2007; 2nd edition, 2014, 참조.

25 국제 신용평가기관인 미국의 스탠더드앤드푸어스(Standard and Poors, 약칭 S&P)가 작성한 주가 지수로, S&P는 무디스(Moody's), 피치(Fitch)와 함께 세계 3대 신용평가기관으로 불린다.

1996~2006년 자료보다 더 큰 격차를 보여주는 것으로, 2007~2011년 사이에 발생했던 비우량주택담보대출 사태에서 비롯한 금융위기와 이후에 지속된 불황기에 오히려 이 회사들은 더욱 빛을 발했다는 이야기가 된다.

이는 존 매키가 얘기했듯 그저 듣기 좋은 얘기, 멋진 철학, 도덕성 운운이 결코 아니다. 먼저 기업의 존재 목적을 분명히 세우고 꾸준하게 지키는 일은 기업의 생명력을 높이고 시장생태계 안에서 지속가능성을 유지할 수 있는 가장 실리적이고도 훌륭한 방법이다. 이에 대해 시소디아 교수는 "지난 한 세기 동안 사람들의 지적 수준이 상당히 높아졌다"는 '플린 효과Flynn effect'를 언급한다. 뉴질랜드 출신의 정치학자 플린James Flynn, 1934~ 교수는 1984년 미국의 군 입대 지원자들 IQ 검사결과를 분석해 신병들의 평균 IQ가 10년마다 약 3점씩 올라간다는 사실을 확인한 후, 1987년에는 같은 조사를 14개국으로 확대 실시하여 유사한 결과를 얻었다. 이는 비언어적인 영역과 문화 관련 영역에서 주로 확인되어 유전적인 변화라기보다는 교육과 영양상태, 대중매체의 확산에 따른 후천적 영향의 결과라고 해석된다.

시소디아 교수는 이와 관련해 현대인들은 점점 더 세상일에 해박해지는 한편 기업에 대해서도 훨씬 더 잘 알게 되었고 더 높은 기대를 하는 까닭에 이제는 돈을 벌면서 제 이익만 챙기고 환경을 파괴하는 기업은 더 이상 소비자들의 선택을 받을 수 없게 되었음을 강조한다. 다시 말해 기업은 스스로의 존재 이유를 더 큰 관점에서 생각하고 이를 적극적으로 실천에 옮겨야 이해당사자들로부터도 충분한 호응을 얻을 수 있으며, 시장생태계에 속한 생명체로서의 삶의 의미를 더 풍성하게 실현함과 동시에 경제적으로도 훨씬 더 큰 이익을 얻을 수 있다는 것이다.

옛 사람들에 비해 별로 지혜로워졌다고는 할 수 없으나, 플린의 분석에서도 밝혀진 바와 같이 우리는 이전과는 비할 수 없이 많은 정보를 취할 수 있게 된 덕에 훨씬 더 똑똑해졌다. 유럽 중세의 신학자들은 여성에게도 영혼이 있을까를 놓고 몇백 년 동안 심각하게 고찰하며 오랜 토론을 벌였다고 한다. 지식과 정보를 충분히 접할 수가 없어서였다. 20세기 초 북한 지역에 들어온 러시아 군인들을 통해 백인을 처음 접한 우리 할머니와 할아버지들은 그 충분히 검지 않은 눈으로 세상을 제대로 볼 수 있을까 하고 염려하기도 했다. 이젠 그 정도쯤은 누구나 알고 있고 그보다 더 상세한 지식과 정보도 널리 퍼져, 궁금한 건 금세 검색을 통해 제법 상세한 내용을 취할 수 있게 되었다. 그래서 가엾은 백성들의 목숨도 힘센 왕과 그 가족의 목숨만큼 충분히 귀한 것이라는 사실은 추호도 의심의 여지가 없을 만큼, 옛날보다 사람들은 훨씬 똑똑해졌다. 18세기 유럽 계몽주의 효과로 사람들이 똑똑해져서, 의식 수준이 향상된 덕에 가능했던 일 중 대표적인 사건으로 프랑스 시민혁명을 꼽을 수 있을 것이다. 앞 장의 '고전경제학의 탄생' 편에서도 언급한 프랑스의 《백과전서》가 출간된 1751년 이후로 프랑스 시민들은 세상 물정에 대해 공유하는 지식이 굉장히 빠른 속도로 늘어나고 또 공감대가 확산되면서 시민들의 자각과 외침이 폭발적으로 터져 나온 결과가 프랑스 시민혁명이었다는 것이다.

실은 같은 무렵 세계사의 격랑 속에서 당신들이 지킬 자리와 나아갈 방향을 찾고자 했던 조선의 선비들도 온고지신을 표방하고 밝은 미래를 암중모색하며, 전통 지식의 계보를 밝히고 의식주 생활 전반에 필요한 실용적인 지식을 정리해 여러 방식의 사전류를 편찬했다. 하지만 그렇게 정리한 지식들은 필사본으로 전수되었을 뿐 인쇄되지 못한 채 그저 개인적인 작업에 머물고 말았다. 그에 비해 가히 혁명이라고도 불릴 만큼 그 여파가 굉장했던 구텐베르크의 인쇄술은 서구인들에게 세상 보는 눈을 뜨게 만든 강력한 도구였다. 이렇듯 서유럽에 비해 앞선 기술이 많았으나 이른바 과학혁명은 중국에서 일어나지 않았고, 구텐베르크보다 훨씬 먼저 인쇄술을 개발했으나 출판혁명은 고려에서도 조선에서도 일어나지 않았다. 대체 왜 그랬을까?

결론적으로 말하면 프랑스에서 《백과전서》가 회오리를 일으켰던 건 꼭 새로운 지식이 그만큼 많았던 덕이라기보다 당시 활약한 출판업자들 덕분이었다. 요즘 같은 디지털 출판은 상상도 할 수 없던 시대였기에 활자의 주물을 만들어서 종이에 찍고 이를 대량의 책으로 출간하는 일은 상당한 자금이 드는 일로서, 이는 애덤 스미스의 표현처럼 당시 프랑스의 '약삭빠른' 출판업자들 덕분에 가능했다. 이들은 제작 초기에 1,500질을 판매하면 수지를 맞출 수가

프랑스 《대백과사전》—동판 표지, 1772년

있다는 계산으로 주문을 받기 시작했는데, 4,000질이 넘는 주문을 받았다고 한다. 1751년 첫 권 출간 이후 혈기에 넘친 지식인 청년들, 디드로와 달랑베르에게 경제에 관련한 14개 항목의 옥고를 제공했던 케네 등 다양한 분야의 전문가에게 적절한 항목의 집필을 의뢰하고 종합했으며 1765년 마지막 책인 17권이 출간되었다. 그 사이에 도판본 11권의 출간이 이어져서 1772년에는 마지막 권인 28권이 마무리되는데, 1789년의 시민혁명까지 모두 6쇄를 찍어 무려 2만 5,000질이 팔렸으니 당시의 출판업자로서는 대성공이었다.[26] 이 작업을 주도했던 달랑베르는 《백과전서》 서문에 이렇게 썼다.

우리들이 시작한, 그리고 잘 마무리되기를 희망하는 이 작업은 두 가지의 목적이 있다. 지상에 널린 온갖 지식을 모으고 그들의 연관을 밝혀 보편적인 체계를 세우는 일, 그래서 지난 수백 년간 축적된 과학과 기술 지식을 쉽게 찾을 수 있는 요긴한 참고서를 만들어 인류에게 전하는 일이 그것이다.[27]

애덤 스미스의 설명처럼 자신들의 이익을 추구하는 생산자와

26 Robert Darnton, *The Business of Enlightenment: Publishing History of the Encyclopedia,* Harvard Univ. Press, 1987.
27 *Encyclopédie, ou dictionnaire raisonné des sciences, des arts et des métiers* 1728.

지적인 욕구와 열망이 뜨거웠던 소비자, 그리고 도판 작업에 힘을 쏟았던 화가 및 동판 기술자 등 이 뜻깊은 일에 동참했던 이해당사자들이 모두 힘을 모아 일궈낸 엄청난 결과였다. 하지만 이 사업 초기에 세웠던 근본 목표는 결코 금전적 이윤 추구가 아니라 세상 사람들을 무지몽매에서 구해내겠다는 계몽주의 실천가들의 절박하고도 굳건한 의지였다.

기업은 이렇듯 다양한 방식으로 가치를 창출해 고객과 사회에 유익함을 줄 수 있는 존재이다. 애덤 스미스의 말대로 기업이 오직 자기 이익에 충실했을지라도 고객과 사회는 그 덕분에 유익함을 누리게 되고, 따라서 고객과 사회는 이런 기업에게 이윤이라는 선물을 되돌려 주는 선순환의 흐름이 확인되는 것이다. 인쇄혁명을 능가하는 디지털혁명이 한창인 지금, 인류는 전과는 비할 수 없을 만큼 똑똑해졌다. 더 이상 상아탑에서 훈련받은 전문가들 중심의 고급 지식이 아니어도, 온갖 소소한 분야에 종사하는 실질적 지식의 소유자들이 제 보따리를 풀어가며 온라인상에서 기꺼이 나누는 위키피디아 온라인 백과사전도 등장했다. 더구나 사람과 기계, 사람과 사람 사이를 넘어 기계와 기계, 모든 사물 사이에 인터넷을 통한 소통이 가능해지는 사물인터넷IoT, Internet of Things 시대가 코앞으로 다가왔다. 이는 지식정보화 시대의 빛나는 면모이지만 역설적으로 짙은 그림자들이 새로운 방식으로 출몰하니 우리들이 감당할 과제, 극복해야 할 난제도 훨씬 많을 수밖에 없어서 스스로 깨어 있으려는 노력을 하지 않으면 미혹에 빠질 위험 역시 그만큼 크다.

정보통신기술의 발전과 더불어 시장과 사회가 기업에게 요구하는 수준도 더욱 높아지고 있다. 그에 비해 신자유주의와 세계화의 기치 아래 발생하는 각종 비리와 도덕적 해이는 축제와 희망이 되어야 할 시장의 본래 의미를 퇴색시키는 모순적인 상황이 되어버렸다. 특히 시장생태계의 활기를 북돋는 기반인 자본주의는 현재 시장생태계가 앓고 있는 고질병의 원흉으로까지 취급받고 있다. 여기서 문제는 자본주의 그 자체라기보다는 시장생태계의 다양성을 훼손시키며 그 활력과 역동성을 심각하게 떨어뜨리는 일부 기업과 금융기관의 독과점적 시장 지배와 더불어, 이를 적절히 규제하여 게임의 규칙이 제대로 지켜지도록 관리해야 하는 책임에 소홀했던 정책당국자들에게 있다고 할 수 있다. 시장경제는 영국의 산업혁명이나 애덤 스미스의 《국부론》과 상관없이 모든 문명에서 공통적으로 나타난, 인류 전체의 삶의 질을 향상시켜온 핵심적 사회제도였다. 그토록 높은 이상에도 불구하고 불과 70년 만에 몰락하고 만 현실 사회주의 체제 역시 시장의 중요성을 반증하고 있다.

기업의 사회적 책임

이번 장에서 기업은 본질적으로 사회적 존재이며 오로지 시장이라는 생태계 안에서 생존하고 번성할 수 있다는 점을 설명했다. 시장 생태계에 기대어 생존하며 사회에 유익함을 주는 것이 기업의 존재 이유이므로, 기업은 이윤 추구 외에 자신의 존재 이유가 분명할수록 더 건강하게 생명을 영위할 수 있는 힘이 발동하는 이치도

'이윤의 역설'을 통해서 밝혀보았다. 다시 강조하지만 시장생태계의 번영은 다양성을 통해 성취되며, 인류의 번영을 포기하지 않는 한 시장생태계는 결코 포기할 수 없는 우리 삶의 근간이다. 따라서 기업은 치열하게 경쟁하며 사업적 성공을 추구해야겠지만, 무엇보다 지속가능성을 확보하기 위해 바로 자신의 존재 기반인 시장생태계의 건강성에 대한 관심을 결코 잃어서는 안 된다.

기업의 입장에서 무엇보다 중요한 것은 시장이 제대로 작동하는 것인데, 이는 개별 기업들의 노력만으로는 한계가 있다. 그 중심에 정부가 온전한 역할을 수행해야 한다.[28] 과거 권위주의 정부 시절에는 과도한 국가 주도적 조치들로 인한 부작용들이 생겨나는 시행착오가 있었으나, 본질적으로 기업이 시장생태계를 살리고 고객들에게 유익함을 주는 원래의 목적에 충실하고 법과 원칙에 따라서 경영하도록 강제하는 것이 정부의 역할이고 책임이다. 수년 전부터 '권력은 이미 시장에 넘어갔다'는 주장이 있는데 이는 공정성에 바탕한 공공성을 지켜내야 할 정부의 본원적 역할을 간과한 데서 기인한 것이라는 생각이 든다.

앞에서 잠시 언급한 '기업의 사회적 책임CSR'에 대해 좀 더 본질적인 문제를 짚어보자. 평소에는 원리 원칙 없이 이윤 추구에만 몰두하다가 문제가 불거지면 거액을 내놓으며 기업의 사회적 책

---

28 이 내용은 2013년 7월 2일 사단법인 '시민'의 창립기념포럼 '박근혜 정부와 시민사회 활성화'에서 발제한 토론문의 일부를 정리하고 보완한 것이다.

임을 다하는 것이라고 발표하는 경우들이 있다. 이는 기업의 사회적 공헌에 대한 본래의 의미를 왜곡하고 모독하는 것이다. 편법과 탈법, 불법을 저질러놓고 악화된 여론을 무마하고 형사적인 처벌을 회피할 요량으로 수백억 혹은 수천억의 거금을 마치 시혜인 양 내놓고 그조차 자사의 이익에 부합하는 방식으로 이용하면서, 이를 사회적 공헌이라고 호도하는 일이 더 이상은 없어야겠다. 기업은 이런 식의 수법으로 세상을 기만하는 대신 자신의 경영방식 자체를 원래의 존재 목적에 맞게 운영하는 일에 최선을 다해야 한다. 온당한 길을 밟으며 고객 및 모든 이해당사자들에게 진정으로 유익함을 베푼다면, 그 자체로 기업은 사회적 책임을 다 하는 것이다.

다시 강조하지만 시장의 정상적 작동을 위해 정부는 공정성에 바탕한 공공성을 확보해주어야 한다. 이는 과거 어느 때보다 더 중요해진 정부의 역할로서, 시장생태계의 다양성을 파괴하며 자국 시장 지역 경제의 활력을 떨어뜨려 쇠락하게 만드는 신자유주의라는 외압에 맞서는 가장 효과적인 방법이기도 하다. 정부는 기업의 경영행위 과정에서 공정한 경쟁과 인권보호가 확보될 수 있게 철저히 감시하고 강제력을 발휘해야 한다. 이는 기업의 사회적 책임CSR에 대응하는 정부의 사회적 책임GSR, Governmental Social Responsibility이라고 할 수 있을 것이며, 오스트롬이 확인한 수백 년 넘도록 꾸준하게 유지되는 경제공동체의 기본 특성과도 부합한다. 먼저 이런 여건이 조성되어, 즉 시장기능이 제대로 작동할 때라야 기업가 정신이 활활 타올라 기업은 스스로 알아서 창업을 하고 투자를 하는 것이다.

또 이렇게 기업과 정부가 자신 본연의 역할에 충실한가를 감시하고 필요한 경우 비판하고 문제 제기를 하는 것이 학계와 언론과 시민단체의 책임일진대, 기업들에게 시시때때 혹은 연말연시 이웃돕기성금을 내라고 압박을 가하고 기부금을 내라고 요구하며 사회공헌을 촉구하는 것은 사실 본질을 왜곡하는 것이다. 내가 접해본 여러 시민단체들은 대개 정의감과 헌신성 그리고 높은 이상을 품고 우리 사회의 공공성과 공정성 제고에 투신하고 있다. 그럼에도 불구하고 이따금 안타까운 점은 상당수의 시민운동가들이 시장이나 기업에 대해 일단 부정적인 선입견을 갖고 있다는 사실이었다.

되돌아보면 나도 청년이었을 때, 시장은 그저 장사치와 장돌뱅이, 심지어 협잡꾼의 세계라는 느낌이 있었던 것 같다. 기업은 수단방법을 가리지 않고 이익만을 추구하는 집단이고 그 안에서 일하는 사람은 일신의 안위를 위해 뭐든 시키는 대로 하는 영혼이 없는 회사원이거나 아니면 착취의 대상으로서 핍박받는 노동자라는 막연한 생각을 갖고 있었다. 그래서 미국 유학을 떠나서도 관심사는 노사관계 그 문제에만 집중되어 있었지 시장경제나 기업경영에 대해서는 별 흥미가 없었다. 그런데 대학원에서 다양한 분야를 공부하면서 비로소 시장의 역동성이 눈에 들어오고, 또 기업경영의 다양한 혁신 활동들에 대한 흥미가 생기기 시작했다. 수단과 방법을 가리지 않고 돈벌이에 혈안이 된 장사꾼들과 이 책에서 말하는 기업의 가장 중요한 차이점은 무엇보다 지속가능성에 관한 인식의 전제 여부이다. 공동체의 구성원 중 남에게 이로움을 주는 행위를 하지 않고 자신의 존재를 장기적으로 지속할 수 있는 개인이나 제도는 없다. 기업은 무에서 유를, 즉 실질적인 가치를 창출해내는, 사회에서 매우 중요한 섹터이다. 이는 당장 주변을 둘러보면 알 수 있다. 좋은 물건, 좋은 서비스를 좋은 가격에 제공하지 못할 경우 기업은 시장의 즉각적인 제재를 받아 퇴출당하고 만다. 학교나 공공기관, 종교단체처럼 몇 년에 한 번 치르는 선거로 심판받거나 최소한의 정년이 보장되는 것도 아니어서 사실은 기업만큼 정직하고 유연하지 않으면 안 되는 조직도 없다. 물론 기업도 사회의 일부로서 적절한 견제와 비판이 없으면 특히 다른 세력과 연합해 자신의 이익만 도모하려 들 수 있다. 그러므로 어떤 기업이 시장생태계를 교란하고 법과 제도에 영향을 미쳐 시장에서의 공정거래를 불가능하게 만든다면, 시장생태계 자체의 건강을 지키기 위해 시민단체들은 가차 없이 이를 비판하고 또 책임을 물어야 할 것이다.

시민단체들이 사회에서 존경받고 또 영향력을 행사할 수 있는 힘은 근본적으로 그들의 도덕적인 우월성에 있다고 할 수 있다. 하지만 이에 대한 자의식이 강하다 보면, 본의 아니게 시민들을 소외시키고 사회적으로는 편을 가르는 결과를 낳기 쉽다. 이런 우를 방지하기 위해서는 자기성찰의 기회를 자주 갖는 것이 중요하다. 사회적 불의에 분노하되 증오하지 않는 법을 익히기 위해서도 정말 중요한 일이다. 이에 덧붙여, "혁명/혁신은 변방/비주류로부터 일어난다. 단 그들이 중앙/주류에 대해 허망한 열등감과 선망의식을 버렸을 때만 그러하다"는 경구를 다시 새겨들었으면 한다.

우리는 모두가 연결되어 있고, 혼자서는 그 어떤 것도 이룰 수 없다. 개인들이 깨어나는 이 시대에는 더욱 그렇다. 하지만 그 누가 앞장서서 시장생태계의 건강을 회복시킬 전사가 될 것인가? 아무래도 그건 각 분야에서 리더들을 중심으로 진행될 것이니, 이 시대의 진정한 리더와 리더십에 대해 잠시 돌아보고자 한다.

리더와 리더십

정부처럼 거대한 조직뿐 아니라 학교와 기업, 종교 혹은 시민단체 등에서도 리더의 중요성은 아무리 강조해도 지나치지 않을 것이다. 흔한 말로 인사人事가 만사이므로 적재적소에 사람을 쓰는 일이 한 조직의 성패를 좌우하는데, 그런 결정권을 손에 쥔 이가 곧 리더이니 조직의 운명이 그 손에 달린 것이나 다름이 없기 때문이다. 더구나 기업은 학교나 정부조직과는 비교도 할 수 없을 만큼 역동적이다. 시장생태계에서 자기 자신의 존재 이유를 실현하며 쉴 새 없이 그 지속가능성을 시험받고 심판받는 곳이므로 특히 기업 내에서 리더십의 중요성은 더 말할 나위가 없다. 무엇보다 기업의 리더는 단기적인 이익에 몰두하다 보면 장기적인 성장과 지속가능성의 방향을 잃기 쉽고, 그 반대의 경우는 당장 분기실적이 떨어지는 말 그대로 역설적인 난국에 처하게 된다. 이렇게 두 가지 서로 모순되는 과제를 어떻게 모두 해결하란 말인가? 그러나 이는 도무지 선택의 여지가 없어 두 가지를 동시에 추구하는 리더십이 요구되는바, 이토록 상반되는 가치들이 공존하며 서로 다투는 이른바 문명의 전환기에는 기업의 리더뿐만 아니라 일반 사람들도 사사건건 맞닥뜨릴 수밖에 없는 일상적 현실이기도 하다.

여기서 창조적 대안을 내놓는 일이 리더에게 주어지는 과제이니 항상 미래의 관점에서 현재를 함께 살펴야 한다. 그래서 리더십에 관한 이론도 많고 관련한 책도 많지만, 진정으로 빛나는 리더십은 몇 권의 책을 읽거나 단기적인 훈련을 통해서가 아니라 자신의 삶을 통틀어 진정한 리더가 되겠다는 열망과 노력이 뒤따라야 제대로 발휘될 수 있다.

리더십이란 어느 조직을 이끄는 이의 역량을 뜻하는데, 이는 사람의 일이니만큼 우리의 지성과 감성 그리고 영성의 차원에서 이루어지는 성장 및 성숙의 과정과 무관할 수가 없다. 무엇보다 현장의 내용을 정확히 알아야 지휘가 가능하니 기업의 경영과 관련한 전문적인 실력이 있어야 한다. 이런 지적 능력에 더해 조직 구성원 및 이해당사자들과의 공감능력, 곧 감성적 영역이 개발되지 않은 사람은 내내 소통에 문제가 생겨 조직이 효율적으로 돌아갈 수가 없다. 그리고 우리 존재의 본성과 가치를 추구하는 리더의 영성도 빠뜨릴 수 없는 요소로서, 이는 조직의 존재 이유를 성찰하고 그 이상을 실현하는 방향으로 꾸준히 좌표계를 세우는 일이 그 역할이다. 이 세 가지 역량을 모두 갖춘 리더들에게 말 그대로 '권위authority'가 주어지는데, 여기서 권위의 개념을 명확히 깨우치는 일이 정말 중요하겠다.

우리는 권위라는 단어를 부정적으로 사용하는 경향이 있다. 하지만 얼마 전 내가 번역본 추천 서문을 쓴 바 있는 책의 저자들인 물리학자 카프라와 스타인들-라스트 신부 그리고 매터스 신부가 강조하는 바에 따르면 권위란 '지식과 행동의 단단한 기반'으로 아랫사람들을 북돋워서 자신의 두 발로 스스로 설 수 있게 해주는 힘이다.[29] 그런데 이런 권위를 유지하려면 반드시 그에 대한 책임감과 강인함이 따라야 한다. 그 점이 리더가 갖춰야 할 덕목인데, 여기서 리더의 참된 역할은 자기 스스로를 도구로 써서 구성원 각자가 리더가 될 수 있게 돕는 것이다. 권위에 관한 프란치스코 교황의 다음과 같은 정의도 맥락을 같이하고 있다.

> 권위autoridad라는 단어는 라틴어의 'augere'라는 동사에서 유래한 것으로 '성장하게 하다'라는 뜻을 가지고 있습니다. … 권위를 가진 자란 곧 성장할 수 있는 공간을 창출해내는 능력을 갖춘 자입니다.[30]

앞에서 존 매키는 깨어 있는 자본주의의 네 가지 기본 원칙 중 하나로, 기업은 '섬김의 리더십servant leadership'을 요구한다고 이야기했다. 사사로운 욕심이 아닌 기업의 가치와 사명을 우선시하는 섬김의 리더, 깨어 있는 리더는 기업의 존재 이유를 실현시키기 위

---

29 프리초프 카프라 외, 《그리스도교의 아주 큰 전환》, 김재희 역, 대화문화아카데미, 2014.
30 프란치스코, 《교황 프란치스코, 가슴속에서 우러나온 말들》, 성엽 역, 소담, 2014.

해 노력할 뿐만 아니라 수많은 이해관계자에게 다양한 가치를 최대한 제공할 수 있는 길을 찾는다. 즉 직속 상사나 CEO에게만이 아니라 고객과 모든 이해관계자에게 충성하는 것이다. 그리스도교의 전통에서 말하는 '섬김의 리더십servant leadership'은 우리의 전통 가치로 치면 '충忠에 바탕한 리더십'이다. 얼마 전에 개봉되어 1,700만 명이 넘는 관객을 동원한 영화 '명량'에서 이순신1545~1598은 상사였던 선조로부터의 핍박과 수모, 동료와 부하들로부터의 모반과 배신을 다 이겨낸 후 "무릇 장수 된 자의 의리는 충忠을 따르는 것이되, 임금이 아닌 백성을 향해야 한다"고 일갈한다. 사회적으로나 문화적으로나 혼돈이 극에 달했던 19세기 말 한반도에서 발생한 동학의 가르침, '사람이 곧 하늘'이라는 인내천人乃天 사상으로 이는 계승되었으니, 백성을 향한 충忠을 행하는 장수는 곧 우주적인 가치를 따르는 리더에 해당한다. 진정한 리더는 '… 때문에because'가 아니라 '…에도 불구하고despite'의 단계에 도달한 사람이라고 나는 믿는데, 충무공 이순신에게서 그런 리더십의 전형을 본다.

한편 조선 시대 최고의 군주로 여겨지는 세종은 그 탁월한 리더십으로도 우리를 감동시킨다. 즉위했던 초기만 해도 그 부친의 손에서 자행된 악몽 같은 피바람의 흔적이 조정에 물씬했던 탓인지 탁월한 인재들이 가능하면 벼슬을 하지 않으려고 했지만, 유네스코 세계문화유산으로 등록된 《조선왕조실록》에서 다음과 같이 확인할 수 있듯 세종은 뛰어난 리더십을 발휘하면서 점차 인재들이 앞다투어 모여들게 했다.

지금 인재가 매우 왕성하여 정사를 다스릴 인재와 무예에 뛰어난 선비가 상당히 많은바 모두 벼슬하기를 원하고 있으니, 비옵건대 등용하는 길을 열어주소서.[31]

게다가 세종을 보필했던 황희黃喜. 1363~1452, 맹사성孟思誠. 1360~1438과 더불어 당시 3대 재상으로 꼽혔던 허조許稠. 1369~1439의 다음 행적을 보면, 신하들로 하여금 기꺼운 마음으로 행복하게 일하게 했던 세종 리더십의 진면목을 짐작할 수 있다.

'태평한 시대에 나서 태평한 세상에 죽으니, 천지간에 굽어보고 쳐다보아도 호연히 홀로 부끄러운 것이 없다. … 성상을 만나, 간諫하면 행하시고 말하면 들어주시었으니, 죽어도 유한遺恨이 없다.' 이날에 그의 형 허주許周가 들어와 보니, 조稠가 흔연히 웃고, 그 아내가 들어와 보아도 역시 그러했다. 아들 후詡가 옆에 있는데 역시 보면서 웃고 다른 말은 없었다. 곧 죽으니 나이 71세이다.[32]

한편 앞에서 언급한 선조는 조선의 역대 왕들 가운데 가장 리더십이 부족한 왕들 중 하나로 꼽히는데 율곡 이이는 나라가 피폐해지는데도 임금이 정사를 게을리하고 재상을 수없이 갈아치우는 상황을 도저히 참을 수가 없어 다음과 같이 왕께 간한다.

---

31 《조선왕조실록》 중 〈세종실록〉 1432년(세종 14년) 2월 7일 첫 번째 기사 중에서 발췌.
32 《조선왕조실록》 중 〈세종실록〉 1439년(세종 21년) 12월 18일 첫 번째 기사 중에서 발췌.

임금이 현명한 인재를 쓰려면 반드시 먼저 자신을 수양해야 합니다. 임금이 먼저 자신을 다스리지 않으면 현명한 선비는 쓰이지 않고 부귀와 이익을 구하는 사람만 조정에 가득할 것입니다. 이런 까닭으로 몸을 닦는 것이 현명한 인재를 쓰는 근본이 됩니다.[33]

신하가 감히 임금에게 이렇게 쓴소리를 하고도 별다른 탄압을 받지 않은 걸 보면, 조선시대의 언론 자유는 어쩌면 이 시대의 수준보다도 더 높았을지도 모르겠다. 아무튼 율곡은 여기서 리더의 자기성찰능력의 중요성을 강조하고 있다.

진정한 의미에서의 리더는 누군가를 앞에서 이끌어가는 사람이 아니라, 자기 자신을 도구로 써서 구성원 개개인이 제 역량을 발휘하여 자기 삶의 리더가 될 수 있게 돕는 존재이다. 조직 운영에 있어서는 어떤 지침이나 처벌규정도 반드시 필요하지만 그런 장치들만으로는 지속가능한 성과들을 얻을 수 없다. 무엇보다 먼저 조직 구성원 개개인이 자기 자신의 소중함, 존엄함, 성숙함을 확인해야만, 자발성에 기초한 지속적인 성과 창출을 기대할 수 있다.

진정한 리더십과 관련해 나의 시야를 환하게 밝혀준 캘리포니아 산호세 주립대학의 철학교수를 지낸 코스텐바움Peter Koestenbaum, 1928~ 박사에게 리더란 "모순되어 보이는 다수의 문제에 창조적인

---

33 이이, 《석담일기 상권》, 1575년, 솔출판사, 1998.

대안을 만들어내고 미래의 관점에서 현재를 볼 수 있는 사람"이다. "열정의 씨앗은 누구에게나 있다. 제대로 발아할 수 있는 기회를 얻지 못한 것이니, 바로 그걸 일깨워서 열정이 싹을 틔우고 성장하여, 꽃을 피워 열매를 맺게 도와주는 이가 리더"라고 그는 정의한다.[34] 진정한 리더는 구성원들 스스로 자신의 존재가치를 깨닫고 개발하는 일에 열정의 씨앗이 움틀 수 있는 동기를 찾아주어야 하며, 그 작업에서 리더 스스로가 연장이 되어야만 한다. 여기서 조직의 구성원인 타인의 성장을 위해 내가 도구가 되는 일, '나'라는 도구를 능수능란하게 쓸 수 있는 명장이 되는 일은 우리 삶을 통틀어 가장 지난한 도전이 될 수도 있다. 천상의 소리를 내는 악기를 만드는 명장, 이분들은 무엇보다 자유자재로 연장을 다룰 줄 안다. 마찬가지로 자신을 연장으로 삼아 다른 이들을 유능한 리더로 만들어주는 일, 이를 잘하려면 무엇보다 나의 연장인 나 자신을 잘 알고, 또 능숙히 다룰 수 있어야 한다. 그 여정이 곧 진정한 리더가 되는 길인데, 이는 정신적인 성장 그리고 영적인 성숙을 의미한다. 그런데 인간의 성장이며 성숙은 끊임없는 자기 성찰을 통해 죽는 순간까지 계속되는 일이다. 삶의 여정에서 아직껏 자신을 리더로 거듭나게 해준 진정한 리더를 만나지 못했다면 이제 그 일은 바로 내 몫으로, 내가 나를 리더로 재탄생시킬 수밖에 없다. 산이 안 오는데 어쩌겠는가? 내가 가야지!

---

34 Peter Koestenbaum, *Leadership: The Inner Side of Greatness, A Philosophy for Leaders*, Jossey-Bass; 2 edition, 2002.

그래서 다음 장은 21세기 혼돈의 시대, 진정한 리더로 거듭나는 선결 조건인 나를 찾아가는 길, 나는 어떤 모습으로 어디에 있는지 여러 관점에서 살피며 진정한 리더로 거듭날 수 있는 방법을 찾으려 한다.

　　내가 젊고 철이 없어 온갖 상상의 나래를 펴던 시절,

　　내 꿈은 세상을 바꾸는 것이었다.

　　내가 조금씩 나이가 들어 세상의 이치를 알게 되면서,

　　세상은 쉽게 바뀌지 않는다는 것을 깨닫게 되었다.

　　그래서 나는 시야를 좁혀서 우리나라만 바꿔보기로 마음먹었다.

　　그러나 이 역시 쉽지 않은 일임을 곧 알게 되었다.

　　인생의 황혼기에 접어들어, 마지막으로 간절하게,

　　나는 나와 가장 가까운 가족이라도 바꿔보는 것에 만족하려 했다.

　　아! 그러나, 아무것도 달라지지 않았다.

　　이제, 나는 죽음을 눈앞에 두고서야 문득 깨닫게 되었다.

　　만약 내가 나 자신을 먼저 변화시켰더라면,

　　그런 나를 보고 내 가족이 바뀌었을 것이다.

　　또한 가족의 변화가 영향을 주어 우리나라가 더 나은 곳이 될 수 있었을 것이다.

　　그리고 누가 알겠는가, 세상까지도 변화되었을지…

　　웨스트민스터 사원의 지하묘지에 쓰인 어느 성공회 주교의 묘비문(A.D. 1100)

3

인간

생산과정의 요소이자
존엄한 존재라는 역설

개인의 능력과 성과의 차이를 무시하면 기업의 효율성이 그만큼 떨어져서 경쟁에 밀릴 수밖에 없다. 그것이 '시장의 작동원리'라는 환경적 요소이다. 기업은 거기에 적응해야 하니 노동하는 인간의 '기능적 불평등성'을 인정해야 한다. 인간적 불평등이 아니라 '기능적 불평등'이다. 기업이라는 특정 조직의 운영에 기능적 불평등성에 바탕하는 성과주의를 도입하지 않으면 시장생태계에서 도태될 수밖에 없다는 점을 강조한 것이다. 반면 존재론적 차원에서 사람은 누구나 존엄하고 평등한 존재이다. 회사에서 탁월한 성과를 내고 높은 고과를 받는 사람이라고 해서 그렇지 못한 사람보다 반드시 한 인간으로서 더 훌륭한가? 우리는 모두 한 인간으로 성장하고 성숙해야 하는 사명이 있다. 온 우주가 오랜 세월 나의 출생을 준비했고, 나를 세상에 있게 했고, 내 성장을 기대하며 격려하고 있다.

배움의 기쁨

나에게 삶은 배움이며, 언제나 성장과 변모의 기초였다. 돌이켜보면 모든 출발에 있어서 구체적 경험에서 시작해야 제대로 배움이 이루어졌다. 우리말에서 '배움', '배우다'라는 말에는 헝겊이나 종이에 물감이 '배어들다', '스미다', '젖어들다'라는 의미가 있다. 어떤 지식을 머릿속에 구겨 넣는 것이 아니라 몸과 마음에 젖어들어 익숙해지고 어느새 버릇이 되는 것이다. 영어에서 배운다는 의미의 'learn'이라는 동사는 그 어원에 해당하는 인도유럽어의 원형이 'leis'인데 의미는 '흔적을 따라 길을 찾아간다'이다. 독일어에서는 이 낱말이 '배우다lernen'와 '가르치다lehren'로 나뉘어 쓰이게 되었다. 동아시아 문화권에서도 중요한 고전 중 하나인 《예기禮記》에 '교학상장敎學相長'이 실려 있어, 가르침의 길과 배움의 길은 함께 우리를 키운다 했는데, 결국 무엇을 배우는 가장 좋은 방법은 누군가에게 그것을 가르치는 것이기도 하다. 이렇듯 '배움'은 원래 기능적인 게 아니었다. 삶의 의미를 찾아가는 과정으로 오히려 삶 그 자체라고 할 수 있다.

내 삶의 비타민이기도 한, 배움과 관련한 격언 하나가 있다. '이해가 열정을 부른다Knowledge breeds Enthusiasm.' 나의 박사논문 지도교수인 미네소타대학의 존 파쑴John Fossum 박사가 강조하던 말씀이다. 프랑스인들도 '맛을 봐야 맛을 알지L' appétit vient en mangeant' 란 말을 즐겨 하는데, 새로운 세계에 대해 제대로 이해하기 시작해야 비로소 가슴이 설레고, 설렘은 삶의 활력소가 되어 더 멋진 어떤 걸 해내려는 열망이 생긴다는 뜻이다. 이 격언은 지금까지도 내 마음 깊이 새겨져 있다. 꼭 해야 하는데 게으름 떠느라 미루는 일이 있을 때엔 얼른 이 말씀을 되뇌곤 한다. 파쑴 교수가 이 말씀을 꺼냈던 맥락은 이러했다.

나는 학부에서 경제학을 전공했는데, 대학 1학년 첫 학기에서 경제학원론을 처음 접했을 때는 무척 새롭고 놀라워서 신나게 공부했지만 곧 싫증이 나고 말았다. 내가 느낀 흥미와 싫증은 취향에서도 기인하지만, 무엇보다 현대경제학의 특성과 밀접한 관련이 있었다. 신고전학파 경제학은 앞에서도 몇 차례 언급한 기계론적 이성주의, 자유방임주의를 표방하는 하이에크와 프리드먼 등의 영향 아래 수학적 방법을 동원해서 수요-공급의 원리에 바탕한 가격이론 등을 효과적으로 모델링해, 이른바 가치중립적이고 실증적인 분석을 통해 경제를 이해하는 접근법으로서, 처음 이를 접했을 때는 굉장히 세련된 방법론으로 보였고, 정말 효과적인 도구라고 생각되어 '이렇게 신기한 게 다 있나!' 하는 신선함으로 다가왔다. 그런데 얼마 가지 않아 도무지 사람 냄새가 나지 않는 도표와 공식, 변수와 수치만으로 분석하고 설명하는 작업에 나는 더 이상의 감흥이 생기지 않았다. 나머지 대학생활은 전공은 뒷전으로 하고 대신 역사와 철학, 문학 수업을 기웃거리며 꿈틀대고 펄떡거리는 사람 냄새를 찾아다닌 것 같다. 그에 비해 오하이오 주립대에서 시작한 석사과정은 같은 분야를 공부함에도 한국에서보다는 훨씬 자유로운 방식으로 다양한 과목의 선택을 허용하며, 사회학과 심리학을 통해 포괄적인 관점에서 사태의 전반을 파악하도록 유도하는 분위기였다. 경제학과 경영학의 전문 영역을 좀 더 사회적이고 심층적인 안목에서 폭넓게 살펴볼 수 있는 기회를 가지라는 취지였다.

석사를 마치고 미네소타대학으로 옮겨 박사과정을 시작했는데 여긴 또 분위기가 사뭇 달랐다. 고유한 학문 전통을 지켜온 미네소타대학에서는 노사관계와 인사관리라는 영역 전반에 걸쳐 기초과정부터 함께 탐구해야 하는 규정이 있었다. 이에 따른 필수과목이 굉장히 많아서 계량경제학, 계량심리학, 노동경제학, 선형대수 등 기초과목만도 상당해, 당시 내 관심사인 노사관계와 직접 관련된 교섭이론 등의 과목만 공부하면 될 줄 알았던 나로서는 매우 당혹스러웠다. 실제로 채용과 교육훈련, 조직관리, 보상 등의 인사관리 분야에다 네댓 가지 세분된 영역들. 당시로서는 전혀 관심 밖에 두었던 과목들을 박사논문 시작 전까지 4년 동안 모두 이수해야 했다. 난감함에 학교를 잘못 선택한 게 아닌가라는 생각으로 머리가 복잡해졌을 때 존 파쑴 교수님이 했던 말씀이 '이해가 열정을 부른다'였다. 우리는 보통 열정이 넘쳐야 무엇이든 잘 배울 수 있다고 생각한다. 그런데 이분은 그 반대를 말했다. 무엇을 좀 알아야 그리고 잘 알게 되어야 그에 따른 관심과 열정이 우러나서 더 잘 배울 수 있다는 것이다. 선입견을 모두 버리고 열심히 해보라는 말씀이었다.

그 조언은 이후 여러 차례 '정말 그렇구나!' 하는 체험으로 두고두고 확인되었고, 삶을 설계하고 조절하는 실질적인 요령이 되어주었다. 지금 생각해도 그건 아주 큰 행운이었다. 당시 미네소타대학에서 인사관리 전반 영역을 그만큼 속속들이 공부하지 않았다면, 그리고 노동경제학과 계량경제학, 계량심리학을 깊이 파고들지 않았다면 지금 여기서 다루는 주제들을 제대로 알 수 없었을 것이고 그 중요성에 대해서도 결코 눈뜰 수 없었을 것이다. 그러니까 당장 하고 싶은 일만 하기보다는 종종 주변으로 눈을 돌려 세상에서 벌어지는 여러 변화에 마음을 열고 귀를 기울여 더 심층적으로 관찰하고 성찰해보자고 권하고 싶다. 인간은 자신의 본래 관심만으로 발전하고 성장할 수 있는 게 아닌 것 같아서이다. 당장 내 관심사가 아니고 내 마음을 뜨겁게 만들지 않아도 그와 관련한 일이라면 일단 해보는 게 좋은 것 같다. 특히 젊은이들은 더욱 그렇다. 그것도 집중해서 하는 게 좋다. 푹 빠져봐야 '아, 이렇게 연결이 되는구나', '이것이 이렇게 필요하구나'라는 깨우침이 따른다. 바로 그런 과정에서 우리의 지성과 감성이 서로 교감하고 열정에 불이 지펴지는 배움의 참맛을 느낄 수 있다.

인간에 대한 이해

배움을 통해 우리는 생각하는 근육도 발달시키고, 얻어지는 결론 또한 진정으로 소중한 무엇이 된다. 고민의 계기, 문제의식의 발단은 각자 다를 수밖에 없다. 그런데 인간에 대한 이해는 어떤 배움보다도 세상을 이해하는 기초적 소양이며, 우리 삶을 이해하는 본질이다. 하지만 사람에 대한 관심은 먼저 나 자신에 대한 탐구를 통해서라야 진정한 출발이 가능하다. 나를 빼놓고 다른 사람을 객관적으로 탐색하는 일은 가능하지 않다. 인간은 서구 중세신학에서 상정한 전지전능하시고 무소부재한 창조주, 모르는 게 없고 할 수 없는 일이 없으며 존재하지 않는 곳이 없는 그런 절대자의 시각을 결코 가질 수 없기 때문이다. 내 경험과 내 문제, 성장과정에서 겪었던 갈등과 상처, 억압의 근본 문제를 바로 보고 건강하게 풀어가는 과정에서 다른 이에 대한 이해와 연민의 폭이 확장되며 시각 또한 유연해진다. 크게 보면 이는 우여곡절을 겪으며 꾸준하게 조금씩 더 성숙한 인격으로 변모하는 과정이며 각각의 양상은 개인적 경험이나 여건에 따라 다를 수밖에 없다.

　그것이 어린 시절부터 자리 잡아 가는 것일 수도 있으나, 내 경우는 1960년대 평화시장에서 재단사로 일하던 스물두 살 청년 전태일의 1970년 분신사건을 알게 되면서 받았던 충격이 하나의 큰 계기였던 듯하다. 청년 전태일의 삶은 1983년에 출간된 조영래 변호사의 《전태일 평전》 덕에 널리 알려졌고, 요즘은 초등학생 대상 인물전으로도 여러 종류가 출간되어 아이들도 아는 이야기가 되었으나, 내가 고등학교 1학년 때 벌어진 전태일 분신사건에 대해 당시 나는 알지 못했고, 대학에 입학한 후에야 알게 되었다. 언론 통제도 있었지만 많이 어렸던 탓이다. 대학에 입학해서 전공과 부전공이던 경제학과 수학 공부에 흥미를 잃어버린 후, 놀랍게도 역사와 철학, 문학 수업에서 맛보았던 인문학적 교양은 갈증을 풀어주고 영혼을 위무하며, 세상을 향한 열정에 불을 지펴주곤 했다. 그런데 사회에서 벌어지는 참담한 일들을 알게 되면서 심각하고 침울한 삶의 무게를 견디기가 힘들어졌다. 노동자들의 최소한의 권리를 규정한 근로기준법이 있었지만, 1970년대의 한국 사람들은 대개 그런 법의 존재조차 몰랐다. 막상 노동현장에 묶인 사람들은 현실이 아무리 열악해도 자기 목소리를 낼 형편이 되지 못했다. 전태일을 통해 그런 사실을 비로소 알게 되었음에도 실제로 내가 할 수 있는 일은 별로 없다는 무기력에 대한 분노가 대학 시절 줄곧 나를 괴롭혔다. 하루에 열여섯 시간을 끼니도 못 챙기고 허리도 펴지 못한 채 일한다는 청계천 노동자나, 농사꾼이나 회사원이나 모두 사람인데… 우리는 대체 사람을 왜 이렇게 함부로 다루나 하는 평범하고 일상적인 문제의식의 시작이었다.

전태일이 《근로기준법》을 태워버리는 행사를 벌이자고 하자 회원들은 놀란 눈치였다. 이날 모임에서는 시위 때 내걸 현수막을 준비하기로 하고 전태일 등 세 명이 책임을 맡았다.

"그날 내가 탁자 위로 올라가 근로기준법의 중요한 조문을 소리 내어 읽을 거야. 그런 다음 '이런 조문이 다 무슨 소용이냐? 지켜지지도 않는 이 따위 허울 좋은 법은 화형시켜버리자!' 하고 외칠게. 그런 다음 우리 회원들이 구호를 선창해 시위군중들이 다 함께 외치도록 한 뒤 휘발유를 이 책에 붓고 화형식을 벌이자."

… 하지만 11월 13일, 전태일은 《근로기준법》뿐 아니라 자신의 몸까지 불태워버렸다. … 그때 전태일이 선택할 수 있는 길은 자신의 몸을 던지는 것밖에 없었다. 그래서 함석헌은 청년 전태일의 죽음을 '십자가에 못 박힌 예수의 거룩한 희생과 같다'고 했다. 실제로 그의 의로운 죽음은 우리나라 노동운동의 밑거름이 되었다. 전태일은 일기장에 '나를 버리고, 나를 죽이고 가마'라고 쓰고 그 뒤에 '무고한 생명체들이 시들고 있는 이때에 한 방울의 이슬이 되기 위해 발버둥 치겠다'라는 말도 덧붙였다. 이는 안중근이 이토 히로부미를 사살할 때나 수많은 독립군이 막강한 무기를 갖춘 일본군과 맨몸으로 싸울 때의 마음가짐과 같다. 그는 자기 몸을 던져서, 인간의 존엄성을 짓밟고 가난한 노동자를 사람이 아닌 기계처럼 여기는 부자와 권력자들에게 저항하려고 한 것이다.

《청계천 노동자들과 전태일》, 주니어 김영사, 2012.

한국적 낭만주의

사회 현실이 너무도 암울하니까 뭔가 달라져야겠다는 울분, 그리고 당시로서는 혜택받은 소수에 속했던 대학생으로서 그에 상응하는 몫을 해야 한다는 부채의식이 있었다. 그래서 군사독재에 항거하는 시위를 조직하는 선배나 친구들과 어울리긴 했으나, 내게 주어지는 작은 역할을 하는 정도가 당시에 내가 할 수 있는 일의 전부였다. 일종의 운동권이긴 했으나, 다분히 낭만적이었던 청년문화, 일종의 저항문화, 당시는 그런 정서를 공유하는 분위기였다.

1970년대 한국 대학은 낭만주의가 무르익던 현장이었다. 유럽의 경우 19세기 중엽 일어난 낭만주의romanticism는 애초 거칠게 진행되던 산업화에 따른 후유증의 반작용이기도 했다. 예를 들어 영국은 산업혁명과 중상주의에 대한 반발로 사회 분열과 이기심의 만연을 혐오하면서 이를 극복하고 전통적인 공동체로의 부활을 동경하던 예술가들의 다양한 활동이 그 주된 내용이었다. 수십 개의 공국으로 나뉘어 있던 독일은, 라틴어와 그리스어, 프랑스어를 쓰던 식자층의 언어가 아니라 무지렁이들의 말인 모국어로 된 민담들을 채록하며 '우리 것이 좋은 것!'이라는 어렴풋한 민족적 자각으로 스스로를 긍정하기 시작하는 청년들의 문화적 독립의 과정으로서, 말 그대로 '질풍노도Sturm und Drang'의 전환기였다. 우리에겐 이런 현상이 동시다발적으로 이루어졌다. 유럽의 경우 최소 백여 년에 걸쳐 진행된 산업화 및 근대화가 우리 사회에선 매우 압축적으로 진행되었다. 같은 무렵 대학에선 탈춤반이 생겨나고 갖은 구실로 금지곡의 딱지를 붙이던 대중가요가 꽃피던 시대이기도 해서, 세시봉의 달콤한 화음이며 김민기의 서정성 짙은 저항가요가 그 무렵 가난한 청년들의 허기와 갈증을 달래주었다. 하지만 때는 유신 시절이라, 이들에 대한 제재와 처단은 시대적인 광기가 되어 선배며 친구 들이 줄곧 색출당하고 구속되고 학교에서 제적되면서 나에게 그 충격과 분노는 끊임없는 고통이 되고 마음속 빚이 되었다.

당시 우리는 그게 식민지와 한국전쟁, 가난의 악순환이라는 혼란의 연속에서 빚어진 우리만의 독특한 정황이라고 생각했다. 우물 안 개구리였으니 바깥세상에서 벌어지는 변화에 대해서는 도통 무지했다. 돌이켜보면 당시는 이전 세기 제국주의의 폭력적 팽창주의에 희생당한 가난한 나라들뿐만 아니라 오히려 선봉에 섰던 나라들도 대학가를 중심으로 새로운 각성이 번져가던 시기였다. 특히 1968년을 기점으로 "600만의 유대인이 희생되던 시절, 당신들은 어디서 뭘 하셨어요?"라고 부모와 선생을 향해 유럽의 대학생들이 퍼부었던 비난은 세대 간 대립과 갈등의 회복할 수 없는 앙금이 되어 서로의 고통과 분노를 증폭시켰다. 이들은 수백, 수천년 동안 침묵하며 은폐했던 가족 내의 폭력과 피해 경험을 털어놓으며 곳곳에서 눈물파티를 시작했다. 게다가 개인과 사회의 영적 성장을 돌봐야 마땅할 전통 종교들은 현대사회의 새로운 요구를 전혀 수용하지 못하는 형편이었다. 그렇다 보니 동양에서 유래하는 몸과 마음의 수련법을 비롯해서 개인 및 집단 상담이 유행하며 자기 읽기를 시도하는 한편, 어떤 물리적인 힘도 영혼에서 비롯하는 내면의 더 큰 힘 앞에서는 무력해질 수밖에 없다는 신념 또한 조성되었다.

　미국과 소련이 팽팽한 냉전 기류 속에서 핵무기 비축 경쟁으로 갈등이 첨예화하자, '꽃의 힘flower power'을 노래하는 반핵평화운동이 시작되고 더 이상 전쟁만은 안 된다는 반전운동이 한창이었다. 유럽과 북미에서 점화된 문화운동은 기성세대가 지켜온 가치 전반을 부정하며 대안적 생활양식이 모색되었다. 우리에겐 386세대라 불리는 이들의 범사회적 저항과 닮은 모색이 북미와 유럽에선 우리보다 20년 먼저 불을 지핀 셈이었다. '비폭력 저항'이라는 간디의 메시지가 사회적인 울림이 되어, 바로 내가 대학 2학년이었던 1974년 포르투갈에서는 카네이션혁명이라는 인류사적 감동, 거룩한 변화도 기록되었다. 하지만 대한민국에선 요원한 얘기였다. 유신이라는 폭정은 나날이 강도가 더해졌고, 친구들이 사라진 캠퍼스에서 우리는 함부로 웃을 수 없었다. 친구들은 감옥에서 나와도 복학의 길이 막혀 고달픈 하루벌이에 쫓기는 신세들이 되었는데, 어떻게 내 인생을 멋지게 설계할 수 있단 말인가! 우리는 모든 난관이 풀리고 숱한 모순이 해결될 때까지 모든 것을 보류하고 있었다. 나는 매일 조금씩 더 진지해지고 심각해졌다.

〈카네이션 혁명〉

18세기에 중남미 식민지에서 약탈해 오는 엄청난 양의 금과 은을 감당하지 못해 살림의 기반이 무너질 만큼 부자였던 포르투갈은 1932년에서 1974년까지 '신국가Estado Novo'라는 독재정권이 지배했다. 코임브라대학의 경제학과 교수였던 살라자르는 무솔리니의 정책을 본떠 정권의 하수인 노릇을 하는 비밀경찰들을 통해 노조와 사회주의를 탄압하는 40년의 폭정을 유지했다. 식민지였던 앙골라, 모잠비크 등 아프리카 땅에서는 소련과 쿠바의 지원을 받는 독립운동이 이어졌고, 이에 맞서 포르투갈이 계속해서 주둔 군대를 지원하다 보니 경제가 급속도로 낙후되었다. 살라자르는 1970년에 병사하지만, 그를 계승한 정권은 식민지 독립운동을 여전히 탄압하며 '세계 최후의 식민제국'이라는

꼬리표를 떼지 못했다. 장기집권에 따른 부패에다 전쟁 지출에 따른 만성적 인플레이션 및 심각한 재정난에도 식민지를 포기하지 않는 정권에 대한 국민적 불만이 고조되었다. 국내외 여론에 힘을 얻은 좌파 계열의 청년 장교들은 쿠데타를 준비했다.

1974년 4월 25일 자정, 수도 리

스본의 가톨릭 방송 '르네상스 라디오'가 '그란돌라 빌라 모레나'[1]를 송출하면서, 이를 신호로 쿠데타 군은 리스본 요지를 점령해가며 독재 정권의 몰락을 알렸다. 거리로 나온 시민들은 밤새 노래하고 군인들의 출동에 열광하며 농성을 계속했다. 정부군을 동원한 진압 명령에 유혈 사태를 앞에 둔 하급 장교들은 이에 항명하고 오히려 반정부 쿠데타에 가세하면서 명실상부 민중혁명이 되었다. 시민들은 정부군과 쿠데타 군의 총구마다에 카네이션을 꽂았고, 군인들은 이를 접수해 총알을 빼 버리기 시작했다. 새로 집권한 군사정부는, 마카오를 제외한 해외의 식민지를 모두 포기하고 민주헌법을 도입하는 소기의 목적이 달성되자 곧 국민투표를 통해 정권을 민간에 이양함으로써, 유럽의 정치적 지진아였던 포르투갈은 의젓한 민주국가로 발돋움했다.

나와의 첫 대면

그 무렵 벨기에 루뱅에서 공부를 마치고 온 철학과 김형효 교수님의 열정적인 수업은 서양 전통의 사유 방식을 훈련하는 기초로서 굉장히 흥미로웠다. 학문의 세계는 어쩌면 나를 위해 마련된 운명

---

1 '그란돌라, 검붉은 마을(Grândola, vila morena)'은 포르투갈의 김민기인 제카 아퐁수가 작사 작곡한 노래로 1972년, 포르투갈이 아닌 스페인의 산티아고에서 발표되었다. 곧 살라자르 정권은 '빨갱이의 노래'로 처단해 금지곡이 되었으나, 해마다 4월 25일엔 형제애의 연대를 기리며 포르투갈인의 자랑인 카네이션혁명을 다시 기억하는 송가로 불린다. http://www.youtube.com/watch?v=66l7rYEKkPs

적인 보고일지도 모른다는 생각이 들기도 했다. 나날이 진지하고 심각한 정서에 빠져들던 내게 김형효 교수는 어느 날 "자네가 학문을 하려거든 마음을 좀 차게 가지게"라는 충고를 하셨다. 당신이 파악한 나의 감성적 측면을 지적한 건데, 굉장히 당혹스러웠다. 나의 정서적 예민함이 학문 과정에 지장이 될 수 있다고 깨우쳐주신 것이었다. 나의 느낌이며 반응하고 판단하는 방식들을 송두리째 점검하지 않을 수 없었다. 근본적으로 나를 돌아봐야 한다는 촉구였다. 아닌 게 아니라 교수님은 당시 내게 자기 성찰에 임하는 씨앗을 심어준 셈이다. 지금 생각해보면 나 자신을 도무지 알지 못했던 당시로서는 무엇보다 숨겨진 약점을 지적받은 것 같아 많이 당황스러웠던 듯하다. 돌이켜보면 오랜 유교 전통에서 성장한, 특히 한국 남자들에게는 억누르는 게 상책이었던 감성적인 면모가 학문을 위해서는 애써 삼가고 씻어내야 할 요소라고도 여기셨던 것 같다.

당시 김형효 교수의 지적은 그 의미를 곱씹고 스스로를 돌아보는 중요한 계기가 되었다. 때로는 변명하고 이따금 새롭게 해석하며, 나를 부정하고 다시 긍정하는 열쇠말이기도 했다. 하지만 나를 긍정하는 표현의 재해석만으로 나를 설득시킬 수는 없는 노릇이었다. 나 자신의 한쪽만을 보면서 살 수는 없기 때문이다. 나의 부정적 면모 또한 그 본질을 이해하려 노력하다 보면 결과적으로 동전의 다른 면인 긍정적인 속성이 드러나 보이기 시작한다. 그렇게 자기 탐색을 하는 가운데 장단점의 구분조차도 사라져 있는 그대로의 나를 대면하게 된다. 크게 보면 이는 우리가 각자 삶에서 깨우치며 진도를 나가는 과정일 뿐이다. 특히 내 앞을 가로막는 장애물을 만날 경우 더욱 그렇다. 무엇보다 그건 내 성장을 소망하는 우주적 열망이려니 여기고, 바로 그걸 위한 과제로 기꺼이 받아들이면 도움이 된다.

　필자의 경우, 대학을 마칠 무렵에는 공부할 마음을 완전히 접고, 1학년 첫 경제원론 수업에서 좋은 점수를 받았던 인연으로 담당 교수님 추천 덕분에 대우실업에 입사를 했는데, 처음에는 열심히 일하며 나름 근사한 세계에 뛰어들었다고 생각을 했다. 햇병아리 신입사원이 해외 출장을 다니는 일이 당시로서는 선망의 대상이기도 해서 처음엔 멋진 일로도 느껴졌으나 내게는 점점 견디기 힘든 일임을 알게 되었다. 정신을 차리기 힘들 정도로 업무가 많았지만 아무리 생각해도 나로서는 마땅한 의미를 찾을 수가 없어 마음이 무거웠다. 더욱이 관료들과 바이어, 업자들을 만나 늦도록 술을 주고받아야 하는 업무형태가 날이 갈수록 점점 더 거북했다. 불합리한 사회의 작동방식이며 기업의 운영구조를 알면 알수록 더 답답해 매일 나의 뇌세포가 죽어가는 느낌에 한참을 고민하다 결국 좋아하는 공부를 다시 해야겠다는 결론에 이르렀다. 그래서 애써 마음을 다잡고 모교의 경제학과 석사과정에 시험을 봤는데 뜻밖에 합격자 명단에 내 이름이 빠져 있었다.

낙방

당시 대학원 입학은 크게 어려운 일이 아니었다. 그런데 낙방이라니 도저히 받아들일 수 없는 충격이었다. 비록 전공인 경제학과 부전공 수학은 공부를 안 해 학점이 나빴지만 철학과 역사, 문학 수업은 늘 설레는 마음으로 신이 나서 공부했기에 학점도 빠짐없이 A를 기록했다. 덕분에 대학원 진학에 문제가 될 정도의 졸업 총점은 아니라고 생각했다. 게다가 백여 명이 듣는 1학년 경제원론에서는 딱 두 명이 A학점을 받았는데 내가 그중 하나였던 터라 일찍이 경제학과 교수님들의 주목도 상당히 받았었고 나름 자부심도 제법 있었다. 그랬던 분들이 나를 떨어뜨리다니 자존심 상하고, 눈앞이 깜깜했다. 입학사정회의 때 끝끝내 나의 탈락을 고집하신 분이 있었다는 얘기를 전해 듣고, 당사자인 김병주 교수님을 찾아갔는데 뜻밖의 말씀을 하셨다.

"자네가 진심으로 공부할 생각이라면 지금부터 바짝 준비해 본류로 가게. 가서 제대로 공부하고 와. 여기서 얼쩡거리며 이것저것 집적대지 말고 어서 떠나게!"

예상 밖의 충고에 나는 채찍으로 얻어맞은 듯 정신이 번쩍 들었다. 그래서 정말 최선을 다해 열심히 준비했다. 학부의 전공 성적은 별로였지만 집중해서 공부한 결과 토플도 금세 괜찮은 점수를 거두었다. 기왕 작정했으니, 나는 마음만 먹으면 얼마든지 실력 발휘를 할 수 있다고, 특히 인문학 과목들에서의 높은 학점이 이런 가능성을 입증한다고 스스로를 격려하며 이런 심정을 담은 장문의 편지를 써서 입학허가 신청서에도 첨부했다. 처음엔 무척 막막했으나 곧 입학허가서가 도착했고 예상보다 순조롭게 미국으로의 유학 준비가 진행되었다.

당시 나는 노동운동이 우리 사회 민주화를 위한 효과적 추동력이라고 생각했으나, 전문적인 식견을 구할 길은 막막했다. 요즘은 경영학과에서도 노사관계나 노동법 관련 과목을 배울 수 있지만 당시 한국에는 이런 분야가 전혀 알려져 있지 않았다. 1960년대 한국에서 최초로 서강대학교에 이 분야의 실태를 다루고자 산업문제연구소가 설립되었고, 그와 관련한 자료들이 조금 있어서 이들을 들여다보면서 미국에는 '노사관계'를 별도로 연구하는 석박사 과정이 있다는 사실을 알게 되었다. 그래서 원래 의도했던 경제학이 아닌, 인사관리 혹은 노사관계 쪽의 경영학으로 방향을 새로 설정해보았다. 한국의 척박한 노동현실에 대한 울분, 나의 오랜 문제의식을 학문적으로 풀어내어 현실적 대안을 찾아낼 수 있으리라는 희망도 품을 수 있어서 기대가 되고 흥분이 되는 일이기도 했다. 그러니까 나는 대학원 시험에 낙방한 덕분에 오히려 내 관심 사안을 집중해서 탐구하는 그 낯선 영역으로 가는 절묘한 기회를 얻은 셈이었다.

석방

오하이오 주립대학에서 석사과정의 입학통지서를 받고 서둘러서 출국을 준비하고 있던 중에 나는 구치소에 갇히는 신세가 되고 말았다. 1980년 5월 광주의 학살 현장이 생생하게 기술된 전단지를 소지했다는 죄목이었다. 고문 후유증으로 2011년 말 세상을 뜨신 그 선량한 김근태 의원께서 3주 동안 잔혹한 고초를 겪으신 남영동의 치안본부, 악명 높은 대공분실에도 끌려갔었다. 내 경우는 심한 고문을 당한 건 아니었지만, 그 살벌한 장소에 붙들린 채 공포와 불안으로 숨죽이는 시간을 견뎌내야 했던 그 자체가 섬뜩한 것이었다. 그런데 바로 거기, 그 장소에 붙잡혀 있었다는 사실이 묘하게도 위안이 되기도 했다. 인권 수호를 위해 민주화운동에 가담하며 그 과정에서 희생된 선배들과 친구들, 우리 사회의 자존심을 지켜내는 이들에 대한 송구함과 오래도록 쌓인 마음의 빚을 조금은 덜어냈다는 생각이 들면서 무거웠던 어깨도 오히려 좀 가벼워진 느낌이었다. 세 군데 감방을 전전하다 42일 후인 같은 해 8월 16일에 풀려났는데, 석방 이후에도 감방에서 보내는 동안 온몸으로 스며든 공포와 불안은 한동안 남아 있었지만, 마음속의 오랜 빚에서 풀려난 터라 육신의 석방보다도 더 많이 홀가분하기도 했다. 그리고 2주 후 나는 미국행 비행기에 몸을 실었다. 위험을 무릅쓰고 친구 몇몇이 도와준 덕에 서둘러 공항을 빠져나갈 수 있었다. 전산시스템이 완비되지 않았던 때라 가능한 일이었고, 그 후 11년 동안 나는 고국의 땅을 밟지 못했다.

미국에서 첫 공부를 시작한 오하이오 주 콜럼버스는 가을이 유난히 아름다운 곳이다. 9월 초에 그곳에 도착했는데, 그토록 푸르른 하늘과 눈부신 단풍을 전혀 느끼지 못한 채 첫 가을을 보내야 했다. 당시 시야에 들어온 세상은 온통 잿빛이었다. 한국을 떠나왔으나, 출사표를 던지고 큰 걸음을 내디딘 것만은 아니었다. 흉악한 세력의 손아귀에서 벗어나 허겁지겁 낯선 땅으로 쫓겨 온 꼴이었으므로, 도저히 학문에 대한 열정을 풀어낼 경황이 아니었다. 준비도 미흡했고 어린 딸아이는 한국에 남아 있었다. 감사하게도 오하이오 주립대에서 나를 지도해주신 스티븐 힐즈Stephen Hills 교수님은 정말 따뜻한 분이셨다. 무엇보다 내 형편을 두루 헤아리며 지친 심신을 쉬게 해주었고, 마음만 앞서는 미숙했던 나를 기꺼이 믿고 기다려주었다. 덕분에 석사과정 첫해 공부를 무사히 마칠 수 있었다. 무엇보다 연구소에 조교 자리를 얻게 도와주신 덕에 가족과 함께 살 길도 마련되었다.

가족과의 재회는 내 삶을 통틀어 가장 행복한 순간 중 하나가 되었다. 나는 그 무렵 개인의 '행복'이라는 게 얼마나 소중하고 절대로 포기할 수 없는 가치인지 처음 그 맛을 본 셈이었다. 당시 한국에 비해 정치적 안정과 물질적 풍요를 만끽하던 미국인들의 가족 중심 생활양식이 처음에는 신기해 보일 정도였다. 하지만 그건 누구라도 일차적으로 추구하고 누려야 할 삶의 바탕이었다. 엄혹한 시절이라 도저히 누려서는 안 될 것 같던 개인적인 행복이 내게도 가능한 정도가 아니라, 권리라는 사실을 비로소 깨닫게 된 것이다. 늘 보류하고 기꺼이 희생시켰던 나의 행복은 어떤 상황에서도 함부로 포기할 것이 아님을 나는 그때 처음 깨달았다. 우리 삶의 궁극적 목표는 행복이었다. 가난한 유학생이었지만 무엇보다 소중한 나의 행복을 누리며, 내 가족의 안녕을 지키고자 나는 최선을 다했다. 드디어 세상은 빛나기 시작하였고, 온통 잿빛이던 콜럼버스의 가을이 실은 오색찬란한 단풍으로 자태를 뽐내며 우리를 축복하고 있다는 사실도 그제야 비로소 눈에 들어왔다. 행복은 가족 내에서만 맛볼 수 있는 것은 물론 아니다. 정신적인 자유로움을 맛보며 나의 삶이 충만할 때, 혹은 하는 일에서 스스로의 보람이나 희열을 느낄 때, 누군가와 의견을 조율하다 뭔가 통하는 느낌이 들어도 무척 기분이 좋고 행복해진다. 이렇게 좋은 느낌은 우리를 드높이며 또 건강하게 성장하고 변화할 수 있는 기본 조건임에도 오랜 세월을 매일 심각하고 침울한 정서에 빠진 채 나도 모르게 행복을 애써 미루고 거부했었다는 것도 깨닫게 되었다.

이상주의자의 금과옥조

무엇보다 나의 학문적 성취를 지켜보며 일취월장할 수 있게 격려해준 힐즈 교수는 석사를 마치고 나를 떠나보낼 때도, 평생 잊을 수 없는 가르침 하나를 덤으로 주었다. 나를 이해하고, 나의 긍정적 요소를 지속시키는 방편으로 삼게 된 말씀이었다.

"자네는 이상주의적인 기질이 다분한데, 그로 인해 냉소적인 사람이 되어선 안 되네."

이상주의가 현실의 벽에 부딪히는 경우, 많은 사람이 좌절하거나 혹은 변절하거나 아니면 세상에 대해서 냉소적으로 변하게 된다. "원래 다 그런 거야. 별거 없어. 세상이 다 그런 거야." 하는 식으로 자포자기해버리기가 쉽다. 순수한 사람일수록 그만큼 더 좌절하고, 냉소적 인간이 될 가능성도 크니까, 언제나 그 점을 명심해서 행여 그런 미혹에 빠지지 말라는 얘기였다. 이상을 포기하란 뜻이 아니라, 마음의 여유를 잃지 말고 잘 버티면서 지혜롭게 해법을 찾아야 한다는 가르침이었다. 이 말씀은 세상의 모든 이상주의자들이 명심하고 공유해야 할 금과옥조라 생각한다.

앞에서 얘기한 이러한 자기 탐색, 특히 성장과정에서 내 발목을 붙들며 힘들게 했던 맥락을 이해하고, 그 해법을 찾는 과정에서 내 성향과 여러 면모를 알아가는 과정은 나뿐만 아니라 인간 존재를 이해하는 중요한 개인적인 모색이었다. 그에 더해 오하이오 주립대의 석사과정에서 2년 동안 받은 교육은 인간과 사회에 대한 이해를 넓힐 수 있는 소중한 과정이었다. 여기서 획득한 기본 소양은 이후 학업을 계속 쌓아갈 수 있는 기반이 되었다. 개인적인 모색이 없는 전문적 훈련, 이는 공허하고 때로는 난폭할 수 있다. 그에 비해 전문성을 도외시한 개인적인 모색은 자칫 맹목이 되기 쉽다. 이 두 가지는 별개의 작업이 아니라 끊임없이 서로 영향을 주고받으며, 우리 시야의 균형을 잃지 않도록 함께 도와준다.

미네소타대학의 박사과정에서는 기업 조직 내에서의 인간의 심리적 측면과 사회적인 측면을 엄밀하고 체계적인 커리큘럼을 통해

공부했는데, 내가 한국에서 그토록 답답하고 궁금했던 노사관계
및 인사관리 문제에 관해 전문적 해법과 그에 필요한 통찰력을 얻
어가는 정말 귀중한 경험이었다. 미국에서의 학문생활 15년을 정
리하고 다시 한국에 돌아와 이를 기업현장에 적용하며 조금씩 더
깨우치게 된 '노동하는 인간Homo faber'에 대한 나 나름의 개념 규
정은 앞에서 소개한 시장과 기업에 대한 새로운 이해방식과 더불
어 필자 나름의 경영철학의 새로운 패러다임, 즉 생태론적/역설적
사유 정립에 있어 나머지 한 축이 되어주었다.

인간 현상

인간이라는 생물 종種, species을 정의하는 방식은 분야에 따라 다양
하다. 이들 중 최초의 표현은 1758년에 린네Carl von Linné, 1707~1778
가 명명했던 호모 사피엔스Homo sapiens이다. 당시의 학문 언어였던
라틴어로 사피엔스sapiens는 '뭔가를 안다' 혹은 '맛을 본다'는 두 가
지 뜻이 있다. 두 발로 서는 여러 종의 직립원인 중에 인간은 유난
하게 두뇌가 발달하여 언어를 통해 계속 배우는 지성적 존재인 동
시에 맛과 멋의 묘미를 분별하여 스스로 존재의 품격을 높일 수 있
는 심미적이고 감성적 존재라는 우리 인간의 독특한 면모를 표현
한 것이다.

  인간을 어떻게 이해할 것인가? 우리는 대체 어디서 와서 어디로
가는가? 이런 질문에 대한 답변 중 특히 서구 전통의 종교적 통찰
과 과학적 추론이 결합된 테야르Pierre Teilhard de Chardin, 1881~1955의

견해를 소개하고 싶다. 생명체에 국한된 다윈의 진화론을 우주 전체로 확장시킨 관점에서 바라본 그는 지구상의 생명현상 중 가장 복잡하고 오묘한 존재인 인간의 출현 사건이 너무도 벅차고 놀라워 입을 다물 수 없었다. 이 엄청난 사건을 그는 '인간 현상le phénomène humain'이라 부르며 감탄했다.[2]

다윈의 진화론에 따르면 생명과 환경의 상호작용 중에 수많은 우연들이 중첩된 결과가 우리 인간이다. 오랜 세월 동안 수없이 많은 생명의 변이變異, variations가 생겨났다 사라지고, 이들 중 환경에 더 잘 적응한 개체들이 꾸준히 후손을 번식시키며 생명의 종種, species이 생겨나는데, 인간도 마찬가지 과정을 밟아 지구상에 등장했다. 먼저 생겨났던 직립원인Homo erectus들은 결과적으로 모두 멸종했으나, 유난히 두뇌가 발달한 현생 인류 호모 사피엔스는 환경에 잘 적응한 덕에 여태껏 생존하고 있다는 게 다윈 식의 해석이다. 그에 비해 테야르는 진화라는 우주의 숨결이 태초부터 지금껏 내내 활동한다는 쪽이다. 지구상에 생명이 출현하기 이전에도 그 상서로운 기운은 언제나 어디서나 작용하니, 티끌 하나도 거기에서 벗어난 적이 없었다. 태초에 생겨난 미세한 물질들이 자꾸 더 복잡한 물질로 변모하는 가운데 문득 생명이 꿈틀대기 시작했고, 숱한 생명이 피고 지던 중 홀연히 모습을 드러낸 존재가 바로 인간이라는 것이다. 따라서 인간은 그저 숱한 우연의 중첩 결과가 아니

---

2 참조, 테야르 드 샤르댕, 《인간현상》, 한길사, 1997.

라, 우주적 사랑의 놀라운 힘으로 진화라는 거대한 서사시를 완성시키는 거룩한 존재이다. 이렇게 위대한 변모, 온 우주의 떨림을 각성한 인간은 이제 동물의 신체적 한계에 갇힌 존재가 아닌, 인성을 넘어 신성에 이르는 영성으로 충만한 존재라는 것이다.

방한 기간 동안 매 순간마다 인간 존엄성의 의미를 새롭게 일깨워준 프란치스코 교황처럼 가톨릭 수도회 중 하나인 예수회 출신의 사제 피에르 테야르 드 샤르뎅은 프랑스 과학학술원 회원에 추대될 만큼 지질학과 생물고고학 분야의 권위자였다. 그는 생물학과 물리학, 지학과 화학 등 근대과학 전반에 커다란 족적을 남긴 러시아 출신의 과학자 베르나드스키Vladimir Vernadsky, 1863~1945가 1926년 출간한 책,《생명권》으로부터 그 어휘와 개념 및 이를 확장한 '정신권'의 개념까지 고스란히 수용했다. 요즘은 환경 위기가 심각해지면서 자연과학뿐 아니라 사회 전반에서 '생명권'은 널리 쓰는 개념이 되었는데, 이는 특정 지역의 하늘과 땅, 비와 태양과 바람 등 모든 물질과 거기 살아가는 온갖 생명과 이들 사이의 상호작용까지 자연현상을 모두 포함하는 시스템을 일컫는다. 그런데 사실 이 개념을 처음 창안한 베르나드스키는 토질과 지층의 구성 및 변화, 이들이 품은 광맥과 수맥 전체를 포괄하는 '물질권geosphere'에서 출발하여, 여기서 생겨난 온갖 생명현상을 포함하는 '생명권biosphere', 그리고 여기에 출현한 인간의 지적인 활동, 생각하고 느끼며 소통하고 깨닫는 정신작용을 통틀어 '정신권noosphere'으로까지 상정했다. 여기서의 모든 층위는 태양계에 생겨난 지구별이 오랜 세월 변신에 변신을 거듭해 오늘의 모습이 되기까지, 여러 차례의 도약을 거쳐 더 확장되고 번성한 과정을 반영한다.

다윈은 생명 현상에 국한해 '진화'를 이해했던 데 비해, 베르나드스키와 테야르는 물질이 진화하는 과정에서 탄생한 생명, 생명이 진화하는 과정에 탄생한 정신이라는 맥락으로 세 개의 범위를 통합해, 지구의 생성과 발전에 이미 생명과 정신이 내포되었다고 확신한다. 무엇보다 지구별을 둘러싼 대기 중의 산소와 질소, 이산화탄소는 온갖 생명체의 호흡과 배설 과정에서 축적된 결과임을 들어 베르나드스키는 우주의 행성들은 물리적인 힘뿐만 아니라 온갖 생명활동의 영향으로 꾸준하게 변모했음을 예견했다. 테야르에 따르면 진화는 개인의 성장과 사회적인 활약이 역동적인 균형을 이루며 모든 존재가 새로워지는 과정으로 지금 이 순간에도 계속 진행 중이다. 특히 자아성찰 및 영적인 성장을 통해서 이토록 위대한 진실과 대면하는 개인의 사유 및 그의 활동은 인간 공동체와 세상을 더 나은 방향으로 이끌어간다고 본다. 다시 말해 온 우주와 인간의 의식은 더욱 높은 영적 수준, 완성을 향해 함께 나아가고 있다는 것이다.

구약성서의 글자 그대로를 믿어야 한다는 창조론과 물질과 생명의 꾸준한 재편과정을 말하는 진화론, 인류의 기원에 대한 이런 모순되는 두 가지 견해를 패러독스의 방식, 즉 '창조적 진화론'으로 결합시킨 테야르의 통찰은 내게 우리 존재에 대한 근원적인 질문을 속 시원히 밝혀주는 명쾌한 해답이었다. 아울러 내가 이 책에서 다루는 시장과 기업 그리고 인간의 문제들 또한 바로 이런 방식으로 바라볼 수는 없을까 하는 생각의 말미를 얻는 계기이기도 했다. 창조론과 진화론 둘 중에서 어느 하나를 취하기 위해 다른 하나를 버리는 것이 아니라, 다른

피에르 테야르 드 샤르뎅 신부

한쪽을 품어 둘 사이의 대립을 넘어서는 방식 말이다.

　테야르는 자연과학에서 습득한 지식을 서구의 신학적 감수성으로 융합시켜 우리 인간, 아니 나는 비록 스무 살 혹은 서른 살, 마흔 살, 쉰 살, 기껏해야 백 살 먹은 생명의 법칙에 지배받는 미물이지만, 지구의 생성 아니 온 우주가 진화하며 펼쳐 보인 거대한 서사시, 그게 바로 내 이야기라는 것을 일깨워준 것이다. 어머니와 아버지 두 분의 난자와 정자가 만나 인간 배아가 될 하나의 세포가 되어 어머니 자궁에 착상할 당시, 나는 그 순간 생겨난 게 결코 아니었다.

　나를 만든 어머니의 난자는, 어머니가 외할머니의 자궁에서 세상 밖에 나왔을 때 그 여자아이 몸속에 이미 잉태되어 있었다. 여기까지만 계산해도 어머니의 나이만큼 나는 더 오래전 이 세상에

존재한 생명이었다. 그럼 어머니는? 어이구 맙소사! 나의 나이는 이제 외할머니의 나이, 아니 인류의 나이를 거슬러서 아득한 시절 태초로 성큼 발길을 옮겨 우주의 나이로 가뿐히 늘어난다. 이런 각성은, 우리 삶의 숱한 희로애락에 뭔가 차원이 다른 새로운 의미를 부여할 수 있게 해주며, 모든 과정은 우리 아니 바로 나의 정신, 그 영적 성장을 위한 배움의 길이었다는 사실을 새롭게 일깨워준다. 그리고 그 배움을 통해 우리는 다시 새로운 성찰과 열정을 얻게 되며, 이런 배움의 여정은 우리의 생물학적 나이를 넘어서, 그 오래된 진화의 대서사시가 향하는 소위 테야르가 말하는 오메가 포인트Omega point로 이어진다는 데까지 생각이 미치게 되는 것이다.

노동하는 인간Homo faber

신체 조건으로만 따지면 인간은 동물의 왕국에서 오래전 도태되고 멸종했어야 마땅하다. 추위로부터 몸을 지켜낼 훌륭한 털도, 사냥하기 좋은 다리나 억센 근육 혹은 날카로운 이빨도, 하늘을 날 수 있는 멋진 날개도 없다. 하지만 어느덧 지구별에서 물질과 생명을 지배하는 최정상의 자리를 차지했다. 호모 사피엔스의 특성을 맘껏 발휘한 덕이었다. 환경을 이해하면서 거기 적응해 인식의 폭을 넓히고, 미묘한 맛의 차이를 감성으로 파악하며 생존의 기회를 높여온 결과였다. 물리적 힘 대신에 지혜를 활용해 도구를 만들어 식량도 넉넉하게 확보하고, 근사한 옷도 지어 입고 휴식에 필요한 아늑한 공간도 마련했다.

이렇게 뭔가를 만드는 면모를 강조해, 호모 사피엔스Homo sapiens가 아니고 호모 파베르Homo faber라고 1920년대 독일 철학자 셸러 Max Scheler, 1874~1928는 이름 붙였다. 이는 1928년 출간된《우주에서 인간의 위치 Die Stellung des Menschen im Kosmos》에 처음 사용한 표현으로, 진화상에서 다른 동물들과 확연히 차이가 나는 지적인 능력에 더해 실용적 물건을 제작하는 훌륭한 솜씨도 갖춘 인간이라는 뜻이다. 생활에 필요한 제품을 양산하고 나아가 효율적으로 생산양식을 개발하는 근대적인 노동현장은 특별히 이렇게 부지런한 인간의 면모를 강조한다. 하지만 성실하고 근면한 특성 외에도 우리는 틈만 나면 놀이를 찾아내고 삶의 기쁨을 누리려는 성향 또한 그 누구도 말리지 못한다. 이런 점을 강조해 네덜란드 출신 문화사가인 요한 호이징가Johan Huizinga, 1872~1945는 놀이하는 인간이라는 뜻의 '호모 루덴스Homo ludens'라는 용어를 조합했고, 1938년 같은 제목으로 책을 발간했다. 이 외에도 인간의 특정 면모에 초점을 맞춘 표현이 많다. 똑똑하다고 자부하나 실은 그 반대인 '무식한 인간 Homo insciens'도 있고, 옛날 아리스토텔레스가 사회적인 동물이라 칭했던 맥락에서 '사회적 인간Homo socius'이라는 표현도 있다.

우리의 일차적 관심은 여기서 호모 파베르, 즉 '노동하는 인간'이다. 이 세상에는 놀지 않아도 살 수 있지만 일하지 않고는 못 사는 사람이 훨씬 더 많다고 한다. 끊임없이 주변을 살피면서 뭐라도 생활에 유익할 일을 찾아 하는 것이다. 이런 사람에게 노동은 곧 놀이이기도 하다. 예컨대 고구려의 유물로 무용총 벽화의 한 장면

하늘 제사에 올릴 짐승을 사냥하는 것으로 알려진 고구려 무용총 벽화

인 수렵도는 일과 놀이가 완벽하게 결합된 더 이상 완벽한 조합일
수 없는 가장 이상적 형태의 일과 놀이일 것이다. 하지만 대부분의
사람, 특히 회사에 나가 일하는 현대인은 그렇지 않다. 회사에 나
와서 일과 놀이를 일치시킬 수는 없기 때문이다. 그래서 대개 주말
을 기다리며 한 주를 보내고, 새로운 주간이 시작되면 월요병이라
는 심리적 장애를 겪기도 한다. 일중독이 되면 차라리 그런 부작용
이 없어 더 좋을 수도 있는지, 잘 모르겠다. 우리 세대는 사실 그런
산업형 인간을 모범으로 삼아 그렇게 될 수 있도록 교육받았고, 칭

찬반았고, 의문의 여지도 없을 정도로 견디며 속수무책으로 살기도 했다. 이렇게 고된 현장에서 노동하는 인간은 어떤 존재일까? 생존과 직결된 일터에서 인간은 어떤 존재로 인식되는가?

20세기 최고의 경영철학자로 꼽히는 피터 드러커Peter Drucker, 1909~2005는 경영학의 바이블로 불리는 《경영의 실제The Practice of Management》에서 "인간의 능력은 우리가 이용할 수 있는 자원 중 끊임없이 성장과 발전을 기대할 수 있는 유일한 것"[3]이라고 말한 바 있다. 맞는 이야기이다. 인간의 무한한 가능성에 대해 그만큼 믿고 있다는 뜻이기도 하다. 현대경영학의 아버지라고도 불리는 드러커는 인간은 훌륭한 자원이라면서, 인적 자원human resources의 중요성을 강조했다. 그런데 생각해보자. 자원resource은 용도가 있고, 훌륭한 쓰임새가 있다. 하지만 용도가 다하면 버릴 수밖에 없는 폐기의 대상이다. 다 쓰고 나면 버리는 거, 그게 인간인가? 냉혹한 일터에서 더 이상 쓸모없으면 용도 폐기의 대상, 인간은 정말 그런 존재일 따름인가?

자원인가? 원천인가?

그렇게 믿기로 하면 인간은 생산에 동원되는 자원에 불과하다. 자본이나 기술과 마찬가지로 노동력 역시 생산과정에 투입되는 자원이다. 요즘은 정보까지도 포함해 경제학에서는 '생산함수'에서 독

---

3 피터 드러커, 《경영의 실제》, 이재규 역, 한국경제신문, 2006.

립변수로 표현하는데 이를 y=f(x)의 함수로 나타낼 경우, 오른쪽 x에는 생산에 투입되는 자본과 기술, 땅이나 기계 설비, 정보 등의 요소의 양이 들어가고, 왼쪽 y는 보통 P라고 쓰며, 산출물Product이 수량으로 표시된다. 여기서 x변수인 땅과 자본, 기계 설비 등의 생산요소는 산출물 y와 마찬가지로 교환의 대상이어서, 요소시장에서 시장법칙인 수요-공급의 지배를 받는다. 예컨대 특정 원자재를 필요로 하는 수요가 많아지면 가격이 올라가고 공급은 딸리는 이치이다. 중국이 엄청난 양을 수입하니까 구리 값이 오르다가, 다시 생산이 줄어 수요가 줄면 구리 값이 떨어진다는 얘기는 뉴스에서도 종종 접하는 내용으로 이것이 시장경제에서의 수요와 공급의 법칙이다. 이렇듯 생산에 투입되는 여러 x변수 중 하나로 노동을 파악하면, 심지어 인적 자본human capital이라는 표현도 가능해진다.

'인적 자본'이란 용어는 1964년 시카고대학의 게리 베커Gary Becker 교수가 동일 제목의 저서를 출간한 이후 경제학 분야에서 공식적으로 쓰게 되었으니 벌써 50년 전의 일이다. 경영 쪽에서 쓰기 시작한 건 10여 년이 되었다. 요즘은 신뢰나 신용 같은 것도 함께 묶어 '사회적 자본social capital'이라고 일컫는다. 베커 교수가 이런 용어를 도입했던 건, 기존 경제학에서 노동을 다룰 때 전에는 질적 차이를 고려하지 않은 채, 단순 투입물로 보았기 때문에 예컨대 국민총생산 GNP Gross National Product의 성장을 제대로 설명할 수 없었던 데에서 기인한다. 하지만 단위노동의 생산력 차이를 학력과 경력 등의 차이로 측정했을 때는 훨씬 높은 설명력을 얻을 수 있었다. 그래서 단순히 생산과정에 투입된 노동의 양量, quantity만이 아니라 질質, quality을 살피려고 도입한 것이 '인적 자본 이론'이었다. 이런 접근법을 통해 "교육이 중요하니 투자를 해야겠다, 평생교육을 실시하면 사회 전반의 경제수준을 높일 수 있겠다"는 결론이 도출되었고, 교육에도 '투자'라는 개념이 적용되기 시작했다. 옛날에는 이 둘이 전혀 어울리는 게 아니었는데, 인적 자본이라고 상정하자 그에 대한 투자와 수익을 따지는 관점이 생겨났다. 교육학에서도 이를 적극 도입해 교육공학의 ROI Return On Investment 분석, 즉 교육투자수익률이라는 개념이 성립되었다. 회사가 교육에 얼마를 투자했을 때 재무적으로 얼마나 영향을 주느냐를 따지는 것인데, 이런 식의 논리와 관점들도 실은 게리 베커의 '인적 자본'이라는 개념에서 비롯한 것이다.

시장 시스템에서 기업이 직원을 채용하는 이유는 무엇인가? 답은 간단하다. 회사에 들어와 노동을 통해 부가가치 창출에 기여하라고 뽑는 것이다. 그 사람이 아름답거나 고귀해서 뽑는 것이 아니다. 이런 점에서 우리들의 노동은 자본, 기계, 토지, 건물 등과 같은 생산요소임에 틀림없다. 하지만 관점을 조금 바꾸면 인간은 생산의 원천sources이기도 하다. 모든 일은 사람이 하는 것이라, 사람은 그저 생산과정에 투입되는 자원resources에만 그치지 않는다. 생산과정 그 자체는 누가 설계하고 운영하는가? 그 역시 사람이 하는 것이다. 그러므로 기업이 채용하는 직원은 생산과정에 투입되어, 할당된 업무를 수행하는 생산 자원인 동시에 스스로 주체가 되

노동하는 인간 Homo faber의 두 가지 측면		
Resource 자원	VS.	Source 원천
Doing 성과	VS.	Being 성찰
생산과정의 요소	VS.	생산과정의 설계자
관리의 대상	VS.	경영의 주체

어 일하는 방식 자체를 새롭게 바꿔낼 원천이기도 하다. 즉 노동하는 인간은 한편으로는 생산과정의 요소이며, 다른 한편으로는 생산과정의 설계자이다.

삶과 노동도 마찬가지이다. 우리들에게 삶과 노동은 본질적으로 상호 대립을 전제하는가? 일은 일, 사생활은 그와 별도라고 이분법적으로 나누어서, 현대인에게는 이들 사이의 균형이 중요하다고들 이야기한다. 한 인간으로서의 성장(Being, 존재)에 대한 성찰은 밀어둔 채, 자기 일만 잘한다고(Doing, 성과) 과연 삶이 온전할 수 있을까? 어차피 일은 고달프고 냉혹한 것이니, 즐겁고 따뜻하고 행복해야 할 내 삶과는 분리시키는 게 최선의 해법일까? 노동하는 인간은 누구나 쉬고 싶어 하고, 편안한 것을 선호한다. 그래서 특히 여러 사람이 함께 일하는 기업은, 생존의 필요조건인 효율성 확보를 위해 이를 다스릴 규율이 필요하다. 그러나 조직 구성원 개개인은 그 누구도 노예처럼 부림당하며 시키는 일만 하고 싶어

하지 않는다. 자신의 능력을 개발하고 발휘하여, 자신이 맡은 일과 조직의 주인으로, 주체적으로 살고자 한다. 그래서 노동하는 인간은 조직 내에서 관리의 대상object이면서 동시에 경영의 주체subject가 된다. 인류의 역사뿐만 아니라 시장과 기업을 이끌어온 주체도 역시 사람이었다. 우리는 모두 사람이고 그래서 때로 자원인 동시에 원천이다. 회사 전체의 입장에서는 관리의 대상이지만, 때로는 경영의 주체로 활약해야 한다. 절대로 이 둘 중 하나만 선택할 수 없는 것이 바로 노동하는 인간Homo faber의 진면목이다.

기능적 불평등성 Functional inequality의 원리

구태여 복잡한 경제이론을 동원하지 않아도 우리는, 업무수행의 결과는 개인별로 차이가 난다는 사실을 안다. 사람은 서로 기질이 다르고 능력도 달라서, 일을 해내는 성과 또한 다를 수밖에 없다. 기능적으로 우리는 똑같지 않다. 모두 승진을 기대하고 일하지만, 결과는 같을 수 없다. 다르다는 것을 전제로 능력을 평가하고 성과를 평가하는 것이다. 각자의 개성을 찾아 장점을 살리는 건 중요한 과제이고 의미 있는 일이지만, 특정 업무와 관련한 개인별 성과는 다를 수밖에 없다. 그런데 잘하든 못하든 아무런 차이가 없이 대우하는 것은 공평하지 않은 처사이다. 기업은 구성원의 성과에 따라 공평한 대우를 해야 한다. '차별 없는 세상'은 인간의 존엄성과 관련한 기본적인 상식이나, 그렇다고 기능적 차이를 무시하는 평등은 곧 다양성의 장점을 포기하는 어리석은 일이다. 무엇보다 시장생태계의 지속가능성을 위협하는 일이다. 성과에 대해서 공정한 평가와 보상을 한다는 성과주의의 바탕에는 개인의 능력과 성과의 차이에 주목하는 기능적 불평등성functional inequality, 그리고 그에 따라오는 공평성equity의 원리가 있다. 이 공평성의 원리 바탕에는 바로 효율성의 원칙이 자리잡고 있다. 시장생태계에서 생존하려면 생명체인 기업은 효율성에 기반한 공평성의 원리를 철저히 지켜야 한다.

'지옥으로 가는 길은 쉽다'는 서양 속담이 있다. 또 '지옥에는 착한 소망과 열망이 넘친다'는 표현도 있는데, 비슷한 뜻을 가진 표현들 중에 아마 '지옥으로 가는 길은 선의로 포장되어 있다The road to hell is paved by good intentions'는 말이 가장 자주 회자되는 것 같다. 결과가 선의를 배반한다는 뜻이다. 이 슬픈 현실을 확인할 수 있는 역사적인 사례는 많다. 스탈린은 평등사회를 건설한다는 선의로 지옥을 만들었고, 독일 민족의 부흥을 외치면서 선거에서 이긴 히틀러는 역사상 최악의 집단 학살을 자행했다. 분홍빛 약속을 늘어놓는 독재자 중에 자신의 진면목을 미리 드러낸 경우는 아마도 없을 것이다. 모두들 멋진 구호를 외치며 숱한 사람의 목숨을 빼앗고 가까운 사람들의 삶까지 파탄시켰다. 기업조직 내부의 혁신도, 사회에서의 개혁도 좋은 뜻과 열정만으로 되는 것이 아니라는 말이다. 음과 양을 동시에 살피며 사물의 양면을 파악하고 빛과 그림자를 함께 보는 지혜와 더불어, 현실을 있는 그대로 받아들이는 겸손함과 원칙을 지켜가는 뚝심이 필요하다. 즉, '존재론적 평등성'과 '기능적 불평등성'의 역설적 변용이 필수적인 것이다.

기업에서 '효율성'이란 모든 투입input에 대한 최종적인 산출 output 결과의 비율을 말하며, 이를 높이는 것이 '효율성의 원리'이다. 이는 기업 편에서 서술한 다섯 가지 생명현상의 종합적인 결과이기도 하다. 대사, 항상성, 적응력, 자극에 대한 반응, 그리고 치유력, 이 다섯 가지 특성은 한 생명체의 건강과 지속가능성을 위한 효율성 제고의 기능적인 면모로, 이를 온전히 발휘하지 못하면 그만큼 생명력이 쇠퇴했다는 지표가 된다. 개인들의 능력과 성과의 차이를 무시하면 기업의 생명력은 그만큼 떨어져 결국 경쟁사에 밀릴 수밖에 없고, 그럴 경우 시장에서 살아남을 도리가 없다. 그것이 곧 '시장의 작동원리'라는 환경적인 요소로, 기업은 거기에 적응해야 하니 노동하는 인간의 '기능적 불평등성functional inequality'을 인정해야 한다. 이 용어는 조직운영에 있어서 '공평성'의 중요성을 적절히 설명하고 해법을 찾기 위해 필자가 고안한 것이다. 인간적인 불평등이 아니라 '기능적 불평등'이다. 기업이라는 특정한 조직의 운영에 기능적 불평등성, 즉 공평성의 원리에 바탕하는 성과주의를 도입하지 않으면 시장생태계에서 도태될 수밖에 없다는 점을 강조하는 한편 인간의 보편적인 평등과 구별하고자 착안한 개념으로, 기업의 지속가능성을 확보하려는 실천적 의미를 담고 있다.

한편 생태계의 모든 요소에는 적정한 규모가 있어 그 범위를 벗어나면 공멸의 위험이 있듯, 공평성과 효율성도 제 범위를 지키며 항상성을 유지하지 못하면 균형이 깨지고 건강이 악화될 수 있다. 이런 관점에서 다음에는 '존재론적 평등성'의 원리를 살펴보도록 하자.

존재론적 평등성 Ontological equality 의 원리

반면 존재론적 차원에서 사람은 누구나 존엄하고 평등하다. 인간으로서 존재 자체의 고유성이 있기 때문이다. 난 누구의 아들이고, 누구의 딸이고, 누구의 엄마이고, 누구의 아빠인, 우리 가족의 일원이다. 아니 그 이상으로 소중하다. 회사에 나가 열심히 일하고, 성과를 올려 높은 평가를 받고, 승진하여 많은 성과급을 받으면 물론 기분 좋지만 그게 다는 아니다. 일 잘하는 사람이라고 해서 반드시 인간적으로 남보다 더 훌륭한 사람인가? 소위 유능하다고 얘기하는, 최고의 성과를 내는 사람이 한 인간으로서도 과연 주변에 온기를 베풀고, 위로를 나누고, 동료들을 격려하고, 함께 발전할 수 있는 자양분을 주곤 하는가? 자기 일만 잘한다고 정말 그걸로 충분한가? 동료와의 동반 성장을 위해 노력하지 않아도 괜찮은 건가? 우리는 모두 한 인간 Human Being 으로 성장하고 성숙해야 하는 사명이 있는 거라고, 온 우주가 오랜 세월 나의 출생을 준비했고, 나를 세상에 있게 했고, 내 성장을 기대하며 격려하고 있다는 엄청난 사실을 '인간 현상'을 통해 테야르가 설파하지 않았는가.

행위 Doing 의 우열, 노동의 결과나 개인적인 성취와 무관하게 우리는 존재 Being 그 자체로 평등하다. 일정한 나이가 되면 대한민국 구성원으로서, 한 시민의 자격으로서 우리는 모두 선거에서 한 표씩 행사한다. 돈이 많거나 큰 권력이 있다고 더 많은 표를 던질 수 없게 한 것은 '존재론적 평등성'의 원리에 근거한다.

고 김수환 추기경이 가끔 하던 농담이 있다. 성당에서 사무장으로 일하던 어느 영감님이 세상을 떠나 천당에 갔다. 입구를 지키고 있는 미카엘 대천사는 물론 누구 하나 자기를 반기는 기색이 없어서 좀 실망스러웠는데, 잠시 후 천당 입구에서 갑자기 팡파르가 울리고 축포가 터지더란다. 가만히 보니까 모시던 본당 신부님이 오신다고 난리법석이 났다. 이 양반이 베드로한테 가서, "세상에서 참 불평등한 인간 사회에 살다 천국에 와 보니까 여기는 모두가 똑같아 정말 좋을 줄 알았는데, 내가 올 때는 아무도 아는 척을 안 하다, 옛날에 그리도 못되게 굴던 신부가 오니까 이리 환영을 해주느냐!" 그랬더니 베드로가 그러더란다. "여보게, 자네 같은 사람은 매일 와. 신부 본 지가 지금 몇 년 만인지 모르겠어."

어린아이처럼 해맑은 미소로 지금도 우리들 마음을 따뜻하게 어루만지는 김수환 추기경님의 우스갯소리에도 사람은 그 존재로서 모두 평등하다는 뜻이 담겨 있다. 이렇듯 존재 자체로 소중한 인간은 천당에서뿐 아니라 세상에서도 마땅히 평등하다. 분주한 일상에서 그걸 깨닫지 못한다 해도 우리 모두는 시작도 끝도 없는 우주의 미아가 아니라, 근원적 실재Ultimate Reality와 연결된, 존재의 근원에 닿을 수 있는 영성적 존재이다. 우리는 본디 온 존재와 통할 수 있는 소우주Microcosmos이기 때문이다. 그리고 인간은 누구나

노동의 역설 The Paradox of Labor	
생산과정의 요소 Production Factor	**"존재"로서의 인간** Human *Being*
• 재화Goods • 교환의 대상Object for Exchange • 시장법칙에 지배Efficiency • 자본Human Capital	• 생명Life • 존엄Dignity • 감성/이성/영성 Emotion/Reason/Spirituality • 자유의지Free Will
"기능적 불평등성" (공평성Equity)	**"존재론적 평등성"** (평등성Equality)

스스로 선택하고 결정하며, 그에 대한 책임을 지는 자유의지를 가지고 있다. 누가 뭐래도 나는 내 삶을 산다. 이 고유한 개인의 길은 그 자체로 존중받아야 한다. 각자의 길을 통해서 자신의 고유한 힘과 자기 삶의 의미를 깨우칠 수 있기 때문이다. 나의 삶이 풍성해지는 동시에 온 우주가 함께 기뻐할 우리 존재의 이유이기 때문이다. 위의 도표는 노동하는 인간의 두 요소 사이의 패러독스, 즉 양립하는 내용을 밝혀본 것이다. 하지만 이 둘은 서로를 용납할 수 없는 모순 관계가 아니고, 음과 양의 태극 문양처럼 서로 보완하며 지속가능한 공동체를 꾸려가는 역설적 관계임을 정리한 것이다.

삶과 노동

본인이 감독도 하고 주인공도 한 영화 '모던타임즈'에서 찰리 채플린은 산업사회의 인간소외, 삶과 노동의 분리 현실을 온종일 컨베이어 벨트에 매달린 채 나사못만 조이는 모습으로 보여준다. 인간이 오로지 생산자원으로 소모되는 극단적 상황을 그린 이 영화에서 채플린은 급기야 눈에 보이는 것은 닥치는 대로 모두 조여버리는 강박 증세로 정신병원에 실려 간다. 이윤 추구를 위한 대량생산 시스템, 즉 산업화의 인간 소외 그리고 파괴를 비판한 이 작품은 존재론적인 평등성은 고사하고, 존재성 자체에 대한 망각을 강요받는 현실을 희극적으로 고발했다. 석사 과정 첫 학기에 받았던 독서 과제 중에 유사한 내용이 있어서, 그 스산했던 기억이 아직도 생생하다. 1952년부터 1997년까지 40여 년을 라디오 시사프로 앵

커로 활약했던 미국의 스터즈 터클Studs Terkel, 1912~2008 저술의 《일
Working》이라는 두꺼운 책이었는데, 미국 사회의 다양한 일터, 주
차장 관리인부터 식당 웨이트리스, 소방관에서 대기업 임원에 이
르기까지 현장에서 일하는 각양각색 사람들과의 대담이 실려 있
다. 1974년 출간된 이 책에서 사람들은 지금 하는 일의 세세한 내
용과 일상의 조화, 개인적 느낌을 털어놓으며 인간 존재에 대한 스
스로의 질문과 마주한다. 이 책에 GM 자동차의 일과가 나오는데,
GM 노동자들은 아침에 정문에서 찰칵 출퇴근 기록기의 단추를
누를 때 자신의 영혼을 경비실에 맡기고, 공장에 들어가 하루 종일
일하고 퇴근할 때 다시 찰칵하는 신호와 함께 자신의 영혼을 찾아
들고 각자 집으로 돌아간다는 이야기가 실려 있다.

우리도 혹시 그런 삶을 살고 있는 것은 아닐까? 회사에 출근하
는 순간부터 모든 걸 다 접어놓고 오로지 일, 그러다 퇴근할 때 다
시 인간으로 돌아오기. 좀 극단적인 비유지만, 회사에서 일하는 시
간 동안은 인간성의 존재는 망각한 채, 그저 하나의 기계 혹은 로
봇이 되어버리는 건 아닌가? 기계처럼 일만 하는 인간, 이런 상태
의 노동이 과연 얼마나 지속가능한 것일까? 우리 존재가 결코 그
럴 수 없게 생겼다는 건 누구나 다 안다. 물론 회사에서는 제대로
업무를 수행하고 일을 통해 성과를 내야 한다. 일을 통해 능력을
증명해야 한다. 노동현장에서는 그게 분명한 현실이다.

다음 도표에 보듯 2014년 현재 우리 전체 인구 중 경제활동인구
는 대략 52%, 2,600만 명으로 집계된다. 경제활동인구 중에 임금

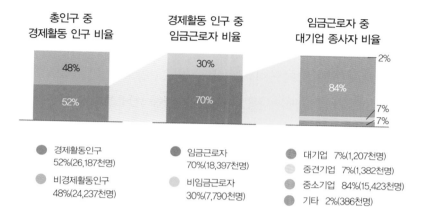

총인구 중
경제활동 인구 비율

48%

52%

경제활동 인구 중
임금근로자 비율

30%

70%

임금근로자 중
대기업 종사자 비율

2%

84%

7%
7%

● 경제활동인구
52%(26,187천명)

● 비경제활동인구
48%(24,237천명)

● 임금근로자
70%(18,397천명)

● 비임금근로자
30%(7,790천명)

● 대기업 7%(1,207천명)

● 중견기업 7%(1,382천명)

● 중소기업 84%(15,423천명)

● 기타 2%(386천명)

* 출처: 국가 통계 포털, '14년 총인구 50,424천명, '14년 경제활동인구 26,187천명,
'14년 임금근로자 18,397천명, '13년 대기업 종사자 1,207천명.

근로자가 70%이니, 크건 작건 우리나라에서 회사에 다니는 사람은 1,800만 명이 넘는다. 이렇게 많은 사람이 회사에 나가 일하는 직장, 그곳에서 사람들은 과연 어떤 삶을 살고 있을까? 일터에 나가는 이유는 무엇보다 먹고사는 일을 해결하기 위해서일 것이다. 나와 가족이 생존하고 좀 더 나은 미래를 준비하는 일보다 더 당당하고 존중받아야 할 일은 별로 많지 않다. 그만큼 중요하고 훌륭한 일이지만, 회사에 출근해서 일하는 그게 결코 삶의 전부일 수는 없을 것이다. 사람들이 모여 규칙을 지키고 어떤 섣부른 도전도 삼가는 대신 맡은 일만 성실히 하면 최소한 그 상태로 지속가능할 수는 있을까?

이런 생각을 하는 이유는 우리가 삶의 대부분을 노동현장에서 보내기 때문이다. 일 자체가 나의 성장이 되는, 사회적인 신분상

승만이 아니라 개인적인 성숙의 발판이 되는 길은 정말 없을까? 대부분의 시간을 보내는 일터, 일에서 삶의 의미를 구현할 수 있다면 좋지 않을까? 우리의 행위와 존재, 얼핏 보면 대립되어 보이는 이들의 속성을 조화롭게 양립시킬 수는 없을까? 진화의 단면을 비추는 과학적인 물증들이 테야르의 신학적인 성찰을 거치면서 더욱 공감이 가고 수긍이 되며 더 높은 차원의 인식으로 도약하듯, 노동하는 인간의 두 가지 모순 역시 갈등과 대립이 아닌 공존과 보완의 관계임을 이론적으로 증명하고 일상적 체험을 통해 공유할 길은 없을까? 행위Doing와 존재Being라는 생산과정의 요소이면서 동시에 존엄성을 가진 존재 그 자체로 소중한 인간이라는 이 양면성이 융합되면서 한 단계 높은 차원으로 도약할 수 있는 방법은 없을까?

혼돈과 모순의 시대

농경사회에서 산업사회로 그리고 정보사회로의 변동이 빠른 속도로 진행되어 왔는데, 우리 사회는 특히 이런 변화가 압축적으로 이루어지다 보니 각 요소가 몹시 혼재되어 있다. 이런 혼돈은 인간에 대한 이해도 혼란스럽게 하는 요인이 된다. 시대와 맥락에 따라 인간 이해의 방식에 차이가 생기는 탓이다. 산업사회 이전에는 자연의 위력을 감당하고 극복하기 위해 근육이 단단하고 물리적 힘이 장사면 최고였다. 그러나 근대화 과정에서 이성reasoning의 힘이 위력을 발휘하면서, 분석적이고 계산적이며 냉철하게 사유하는 힘이 훨씬 중요해졌다. 예컨대 고대의 서양인들은 '몸이 튼튼해야 정신도 맑다Mens sana in corpore sano'고 강조한 데 비해, 근대과학의 아버지로 불리는 베이컨Francis Bacon, 1561~1626은 '아는 것이 힘'이라고 강조했다. 신체에서 정신으로 힘의 중심이 바뀌니까 새로운 규범에 맞는 인간이 요구되었다. 하지만 사람은 모두 달라서 하나의 규범에 붙들어놓기 어려우니 이를 통제할 효과적인 수단을 강조하면서, 그에 필요한 교육원리를 수립하고 기업경영의 기본 역시 그런 맥락에 충실했다.

산업화 초기에는 개인으로서의 인간 심리와 정서에 대한 이해가 충분하게 이루어지지 않았다. 기업의 경영과 관련해서도 상벌제도를 통한 목표 달성에 박차를 가하는 기계적 인사관리가 주를 이루었다. 적성을 찾아서 자신을 확인하고 긍정하는 과정에서 엔도르핀이 솟으면 존재의 변화가 일어난다는 사실에 무지한 탓이기도 했다. 미국에서는 사무직 비율이 공장 노동자만큼 커지기 시작한 1960년대, 경영학 분야에 인간의 심리연구 결과를 도입했던 맥그리거Douglas McGregor, 1906~1964가 시대에 어울리는 대안 찾기를 시도했다. 인간의 본성을 일하기 싫어하고 자발적 책임보다는 명령을 좋아하고 코앞의 이익밖에 모르는 사고와 행태 쪽으로 상정했던 전통적인 조직관리 방식을 그는 X이론이라 명명하고 그 낙후성을 비판했다. 대신에 인간의 긍정적 면모를 강조하는 Y이론으로 인간 이해의 관점을 새롭게 해야 한다고 천명했다. 인간은 외부 명령이나 보상보다 자기 존재를 확인하는 내면적인 동기 부여를 통해서 긍정적인 자기 인식이 이루어지며, 그러할 때 오래된 심리적 억압에서 벗어나 결과적으로 창의적인 잠재력이 발휘될 수 있다는 것이다.

18세기의 과학혁명과 이어지는 산업혁명 시기에는 감성을 배제한 이성적 사유가 막강했으나, 20세기 초 세계 정상의 물리학자들이 그 기초가 모순임을 깨닫고 실존의 위기를 겪는 사건이 있었다. 이 세상 모든 물질의 기계적 운동법칙을 밝혀냈다는 자부심에 충만해 조만간 모든 물질적 현상에 관한 예측가능성까지도 획득하리라 자신했는데, 빛의 세계를 연구하며 물질의 가장 작은 단위인 소립자의 내부 세계를 엿보기 시작하자 이성의 논리만으로는 도통 납득할 수 없는 모순들이 드러나기 시작했던 것이다. 당시 정상급의 물리학자에게 사물의 위치와 운동량을 계산하는 일쯤은 식은 죽 먹기였는데, 그토록 당연했던 자연법칙이 소립자 세계에서는 자꾸 삐거덕거렸다. 하나를 정하면 나머지 하나는 곧 틀어져버리는, 말 그대로 모순이 계속되었다. 양자역학의 창시자라고도 불리는 하이젠베르크Werner Heisenberg, 1901~1976는, 이런 상황을 접한 과학자들이 사실은 '하늘이 무너지고, 발밑의 땅이 꺼지는 듯한 충격'을 겪었노라고 이야기한다.[4] 그들 중 한 명이었던 비엔나 출신의 물리학자 파울리 Wolfgang Pauli, 1900~1958는 그런 혼란을 정리하려 정신과를 찾는데, 그를 상담한 의사는 카를 융Carl G. Jung, 1875~1961이었다. 인간의 의식과 무의식의 면면에 대한 프로이트 식의 기계적 해석을 포기하

---

4 베르너 하이젠베르크, 《부분과 전체》, 김용준 역, 지식산업사, 1985.

고 좀 더 통합적인 이해의 길을 찾고 있던 융은 마침 주역周易 연구에 몰두해 있던 차라, 모순처럼 보이는 양자들의 행태가 동아시아 전통에서 세상을 이해하는 방식으로 보면 실은 아주 보편적인 현상이라는 점을 논하며 파울리의 혼란을 정리해줄 수 있었다. 그런 모순을 이해하고 해결하는 새로운 안목을 수용하고자 기존의 사유법을 포기했던 일은 그 자체가 공포에 가까운 충격이었노라고 하이젠베르크는 고백한다. 이는 과학사의 한 획을 긋는 사건이었지만, 모두 공감하며 함께 즐거웠던 그런 경험이 결코 아니었고, 당사자들에게는 무척 당혹스럽고 혼란스러운 시련이었다.

이런 혼란은 고전물리학의 전통을 깨고 양자물리학이라는 새 지평을 열어 보인 당시의 위대한 과학자들에게만 벌어지는 일은 아닐 것이다. 기존 가치관을 포기하고 새로운 관점으로 나의 시각을 바꾸지 않으면 안 되는 상황에서 겪는 혼란과 절망 혹은 분노, 이는 자기를 성찰하는 과정에서 으레 나타나는 일이다. 쉽지 않은 내적 변모를 이루려면 누구나 겪는 성장통이다. 사소한 일이어도 만약 반복되는 어떤 골칫거리가 있다면, 그건 아마 해소해야 할 나의 오래된 타성이나 고정관념에서 비롯하는 경우일 가능성이 크다. 여기서 중요한 사실은, 이런 불화를 정신적 성장과 영적인 성숙을 도모하는 좋은 기회로 받아들여야 한다는 것이다. 우리가 우주 진화에 동참하는 소우주라는 점을 깨우치기만 하면 훨씬 더 적극적으로 이런 기회를 활용할 수 있다. 그러나 안타깝게도 사람은 나이가 들수록 그걸 깨닫고 타성과 고정관념에서 벗어나는 작업이 점점 힘들어진다. 하지만 이는 나의 성장을 위해, 누구보다 나, 그리고 나와 가까운 이들을 위해 기꺼이 도전하고 풀어내야 할 우리 삶의 중대한 과제이다. 어느덧 우리 일상이 된 다양한 전자제품은 바로 그 양자역학의 토대 위에서 탄생했다. 20세기 새로운 물리학은 그토록 심각한 도전과 함께 이른바 패러다임 전환을 통해, 기존 관점과 사유방식을 모두 내려놓고 정말 혹독한 실존의 위기를 겪으며 정립된 것이었다.

상보성의 원리

모순矛盾이란 창과 방패를 말한다. 이 세상 어떤 방패도 뚫어버리는 막강한 창과 이 세상 어떤 창도 거뜬히 막아낼 수 있는 단단한 방패, 이 둘의 공존은 불가능하니 말 그대로 모순contradiction이다. 양자역학에서 물질의 위치를 확정하고 나면 운동량 계산이 틀어지고, 운동량의 정확한 값을 구하고 나면 위치를 확정할 수 없다는 소위 '불확정성의 원리', 이렇게 난감한 사태를 설명하려는 시도는 하이젠베르크의 스승인 보어Niels Bohr, 1885~1962의 '상보성相補性, complementarity의 원리'라는, 모순을 해결하는 역설을 통해 더욱 멋지게 표현되었다. 빛은 물결의 무늬라 할 수 있는 파동wave이라 여겼으나, 이를 아주 작은 입자, 즉 물체로 간주해 계산식을 만들어도 무리가 없다는 점이 드러났다. 하지만 입자이면서 동시에 파동일 수는 없는 것이어서, 이렇게 서로 대립하면서도 공존할 수 있는 특성을 닐스 보어는 상보성이라고 명명했다. 입자성과 파동성, 이렇듯 서로 모순된 특성의 공존을 설명하려는 시도 및 그에 대한 토론이 이어지던 시절, 보어는 마침 쇼펜하우어Arthur Schopenhauer, 1788~1860의 저서 《의지와 표상으로서의 세계Die Welt als Wille und Vorstellung》의 근간이 된 유심론적 불교 사유에 무릎을 쳤다. 불교 전통에서 '지혜의 핵심 경전'이라는 뜻의 《반야심경》에 나오는 '색즉시공, 공즉시색色卽是空 空卽是色, Form is emptiness, Emptiness is Form' 이라는 구절은 실은 《반야심경》뿐만이 아니라 모든 대승 불교 경전의 핵심을 압축한 요점이기도 하다.

《훈몽자회》에서 발췌

다윈의 진화론을 물질과 정신의 영역까지 확장시킨 테야르의 사유 역시 동아시아 전통과 닮은 점이 많지만, 한편 테야르를 비롯해 서양인에게 우주는 전통적으로 카오스chaos라 불리는 혼돈의 세계가 아니라 고유한 질서가 생겨난 코스모스cosmos라는 공간이었고 시간과는 무관한 것이었다. 이렇듯 시간과 공간을 전혀 별개의 것으로 상정했던 17세기 고전물리학의 지평을 새롭게 한 20세기 아인슈타인의 '시공연속체time-space-continuum'는 가히 충격적인 패러다임의 전환paradigm shift이었다. 그러나 한편 동아시아 전통의 우주론에서는 이는 늘 당연한 것으로 여겨져 왔다. 동양의 '우주宇

1922년 노벨물리학상 수상을 기념하며 덴마크 왕실에서 헌정한 보어의 문장

宙'는 조선 시대 어린이들의 한문 교과서였던《훈몽자회》에서도 잘 드러난다. 저자인 한글학자 최세진崔世珍. 1465~1542은《천자문》의 '집 우宇'와 '집 주宙'를 각각 '사방상하四方上下'와 '왕고래금往古來 今'이라 설명하였다.[5] 우주를 모든 공간과 모든 시간의 통합체로

5 《훈몽자회》, 홍문관, 2012.

보았던 것이다. '천인감응天人感應'이라 하여, 하늘과 인간과 땅이 서로 별개가 아니라는 생각, 우주 만물의 이치와 인간 사회의 문제를 일관성 있게 하나의 원리로 설명하려는 노력은 공자와 맹자는 물론 노자와 장자의 제자들에게도 이어져 왔다. 근대화의 기초로서 분석적인 사유가 갖는 장점도 물론 많지만 그 한계 또한 이제는 분명해졌다. 근대적 사고의 단편적이고 근시안적 결함을 떨쳐내려는 탈근대적, 이른바 포스트모던의 사유가 오래된 동양 전통의 사유와 맞닿는다며 환호한 보어는, 그의 노벨물리학상 수상을 기념해 덴마크 왕실에서 헌정하는 문장을 제작할 때, 우주 섭리를 간명하게 요약한 태극 문양을 자신의 조국 덴마크 과학의 상징으로 설정한 다음, '대립은 (모순이 아니라) 서로를 보완한다contraria sunt complementa'는 음양의 태극 원리를 라틴어 문구로 새겨 넣었다.

노동하는 인간Homo faber의 모순과 역설

앞 장, 기업편에서 기업의 존재 이유를 검토하면서, 양혜왕을 만나서 행한 맹자의 가르침을 비롯해서, '이윤의 역설'이 갖는 의미도 살펴보았다. 놀랍게도 인류의 역사에서 각 종교마다 진리를 깨닫도록 독려하는 스승들의 말씀은 대개 역설paradox을 통해 표현되었다. 그리스도교 전통에서 예수는 "내가 세상에 평화를 주러 왔다고 생각하느냐? 아니다. 오히려 분열을 일으키려고 왔다"(루카 12:51)고 말한다. 바른 깨달음을 위해서는 "길을 가다 부처를 만나거든 부처를 죽이고, 조사를 만나거든 조사를 죽이라"고 임제臨濟.

?~866선사도 일갈한다. 《도덕경》에서 노자는 '도가도비상도道可道非常道 명가명비상명名可名非常名', 즉 도道를 도道라 이르면 더 이상 그건 도道가 아니고, 무엇을 무엇이라고 칭하면 그건 더 이상 그 무엇이 아니니, 부디 관념에 매달리지 말라고 못을 박는다. 역설을 통해 인류의 스승들은 무엇을 가르쳐주려 했을까?

그건 아마 새로운 답을 찾아야 하니, 먼저 고정관념에서 탈피하라는 가르침일 것이다. 창과 방패, 지성과 감성, 공평과 평등, 기능적 불평등성과 존재론적 평등성, 이들은 대립하며 갈등하는 관계로 보인다. 하지만 둘 중에서 어느 하나만으로는 결코 온전해질 수 없을 만큼 이들은 서로를 규정하는 보완의 관계이다. 그런 면에서 이들은 패러독스, 역설이다. 따라서 이를 함께 수용하려면 무엇보다 기존의 안목에서 벗어날 수 있어야 한다.[6] 패러독스와 관련해 독자들과 특별히 나누고 싶은 이야기는 기업경영에 요구되는 인간에 대한 이해와 관련한 '노동의 역설paradox of labor'이다. 기능적 불평등성과 존재론적 평등성의 관계는 절대로 공존할 길이 없는 배타적이고 모순되는 관계가 아니라, 관점에 따라 어느 한 편이 더 커보이게 마련인 패러독스, 하지만 대립을 통해 오히려 더 높은 차원으로 함께 상승 가능한 역설의 관계로 풀어낼 수 있다는 점을 밝히고자 한다. 241쪽의 동판화 〈그리는 손들Drawing Hands〉은 역설

---

6 패러독스(paradox)는 이 책의 맨 앞에서도 설명한 바와 같이 그리스어로 '병행(竝行)'이란 뜻의 파라(para)와 '믿음'이란 뜻의 독사(doxa)의 합성어이다. '모순(矛盾)'만큼 배타적인 뜻은 아니나, 좀체 섞일 수 없이 대립하는 느낌이 담겨 있다.

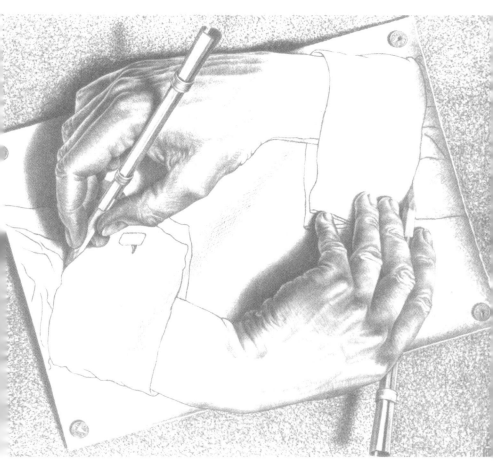

에셔의 〈그리는 손들〉, 1948년

의 이미지를 즐겨 표현한 네덜란드 출신 에셔Maurits Cornelis Escher,
1898~1972의 대표작으로, 공존과 상생에 대해 깊은 성찰을 유도하는
작가의 마음을 읽을 수 있다.

최근에는 경영학계에서도 역설의 중요성에 초점을 맞춘 논문이
나오기 시작했다. 루이스Marianne W. Lewis와 그 공저자들은 역설
paradox을 양자택일tradeoff이나 타협compromise과 구분해 서로 모순되
나 함께 연결된 A와 B의 요소들이 오랜 시간에 걸쳐 동시에 존재
하는 양상으로, 이를 능히 다룰 줄 아는 '역설적 리더십paradoxical
leadership' 이야말로 전략적 민첩함strategic agility을 위해 필수적이라며

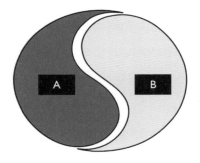

음-양의 태극문양으로 역설을 표현하고 있다.[7]

풍전등화風前燈火의 처지에서도 역설의 지혜를 국기에 새겨 넣으
며 1897년 대한제국을 선포했던 당시의 원대한 소망은 여전히 유

7 Marianne W. Lewis, Constantine Andriopoulos, Wendy K. Smith, Paradoxical
  Leadership to Enable Strategic Agility, (2014) 58~77.

독립기념관 소장, 등록문화재 제388호

효하며 요즘은 더욱 새로운 의미로 다가온다. 대한민국 임시정부 김구1876~1949 주석이 광복군에 대한 미국 동포들의 지원을 당부하는 글을 써서, 1941년 중국에서 미국으로 가는 벨기에 신부 매우 사梅雨絲에게 주었던 위의 태극기를 보면 당시까지만 해도 음과 양이 서로 대등하게 공존하며 공생하는 원래의 태극 문양이 지속되었음을 알 수 있다.

앞에서도 강조했듯이 우리는 전지전능하거나 무소부재한 신의 관점을 취할 수 없다. 지성과 감성을 확장하며 영적인 각성까지 이룰 수 있을 만큼 똑똑한 면도 있으나, 신체 조건은 내내 결함투성이, 제약이 많은 호모 사피엔스이다. 1970년대 악명을 떨친 군부

피노체트 정권의 폭정을 피해 유럽에 건너와 활동하는 칠레 출신의 생물학자 마투라나Humberto Maturana, 1928~는 인간 시각의 한계를 생물학적인 조건이라 밝히면서, 그 실상을 여러 도표와 함께 245쪽의 그림으로도 표현했다.[8] 그림의 아래쪽을 흰 종이로 가리면, 이 이구아나는 맛난 열매를 먹는 것으로 착각하게 된다. 하지만 실은 제 몸 일부를 먹는 것이다. 주체와 객체로 나뉘어 먹고 먹히는 대립관계가 아니라, 이들은 결국 하나라는 패러독스의 관계에서 주체와 객체의 보완관계를 흥미롭게 드러낸 표현이다.

진정 큰 지혜를 구한다면, 지성과 감성과 영성이 더 활성화되길 바란다면, 먼저 스스로의 관점을 살필 줄 알아야 한다. 내 관점을 차분히 들여다보고, 옳고 그름을 따지지 말고 한 발자국 옆으로 비껴나 찬찬히 살펴보는 것은 우리 마음의 구조를 깨우치는 유용한 기법이다. 불교의 전통에서는 나의 관점을 차분히 살펴보는 요령을 위파사나vipassana 수련법으로 발전시켰다. 산스크리트어로 '깊이 들여다본다'는 뜻 그대로, 혼란의 회오리 한가운데서 쩔쩔매는 내 마음을 있는 그대로 보는 것이어서 일명 '관심법觀心法'이라고도 한다. TV 드라마 '태조 왕건'에서 한때 최고의 지도자로 촉망받았던 승려 궁예의 말버릇이 희극적으로 풍자되어, "내가 관심법으로 보았느니라"라는 대사가 유행했다. 그런데 관심법은 주어인 내가 보는 게 아니라 목적어인 나를 보는 것이니 "관심법으로 나를 보

---

8 Humberto Maturana & Francisco Varela, *The Tree of Knowledge*, Shambhala 1992, 참조.

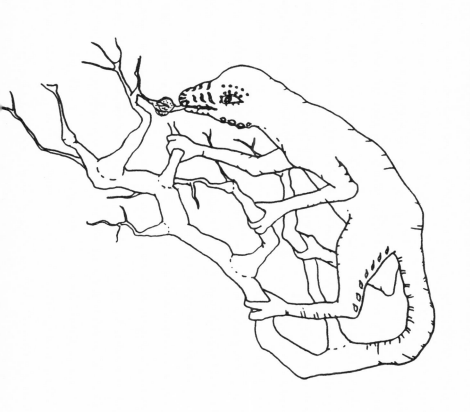

았느니라"가 맞는 것이다. 안타깝게도 그걸 혼동한 탓에 그의 리더십은 얼마 못 가 실패로 끝나고 말았다. 관심법을 제대로 익히려면, 무엇보다 내 관점의 출발점과 향방을 먼저 확인해야 한다. 인간의 신체 조건상 전방위적으로 한꺼번에 모든 걸 볼 수는 없으나, 일단 하나의 편견偏見에서 빠져나와 새로운 편견을 경험하는 일은 가능해서 이를 업으로 삼는 이들도 있다. 배우들이다. 인간관계의 갈등을 푸는 정신치료 요법 중에서 역할 바꾸기, 이른바 '사이코드라마'는 이 원리를 응용한다. 역할을 바꾸는 놀이를 통해, 나와 갈등관계인 상대의 입장에서 나의 독특한 관점, 그 실상을 들여다보는 경험을 하는 것이다.

사회적 성공에는 지능지수I.Q.보다 감성지수E.Q.가 중요하다며, 이를 개발하고 응용하는 다양한 학습이 인기를 끌기도 했는데, 여기서 감성지능이란 자신의 감정상태를 이해하고 조절하며 타인과의 관계에 적절하게 활용하는 능력으로, 사회적 지능이라고도 한다. 대학 시절 "학문을 하려거든 마음을 좀 차게 가지라" 한 스승의 말씀은 알프레드 마샬이 케임브리지대학에 경제학과를 설치하면서 후학들에게 강조했던 '차가운 머리와 뜨거운 가슴cool heads and warm hearts'을 그렇게 줄이신 것 같다. 차가운 머리와 뜨거운 가슴, 이 또한 서로 대립하면서 갈등하는 관계 같지만 전자 없는 후자는 맹목이며, 후자 없는 전자는 공허하기 십상이다. 한편으로는 서로 견제하며 동시에 서로 지켜줄 수 있는 소중한 짝, 한쪽만으로는 온전할 수 없을 만큼 서로를 규정하는 보완 관계인 역설, 이런 식의 두 면모는 정녕 패러독스이다.

　패러독스는 어떤 식으로든 감당하거나 해결해야 할 막중한 '문제'와는 분명히 성격이 다르다. 이는 새로운 차원으로의 도약, 한 단계 동반상승 할 수 있는 각별한 기회이면서 조건이기도 하다. 호모 파베르, 노동하는 인간은 시장의 법칙이 지배하는 현장에서는 교환의 대상인 생산요소이며 재화와 인적 자본으로 간주될 수 있는 처지이다. 그런 까닭에 그의 능력과 성과의 차이에서 기인하는 기능적인 불평등성을 인정해야 한다. 이는 두 발을 땅에 딛고 생태계에서 고유한 자리를 지키면서 살아가는 인간의 생존법칙이기도 하다. 하지만 자신의 '존재'에 대한 성찰과 자각을 통해 어떤 상황도 배움의 현장으로 바꿔낼 수 있는 거룩한 소우주이기도 한 인간은 또 하늘의 법을 따라 우주 진화라는 과정에 동참하는 굉장히 거룩하고 존엄한 '존재'인 것이다.

인간 존중 경영

내가 체득한 기업경영의 핵심은 무엇보다 인간의 이해, 그리고 진정한 리더들을 키워내는 일이었다. 이를 '인간 존중 경영'이라는 말로 요약해 설명해보려 한다. 인류 역사는 개인의 권리가 확장되어온 역사라고도 할 수 있다. 그런데 왜 새삼 이제 와서 '인간 존중 경영'을 이야기하는가? 지난 20년 동안 한국 기업들은 상전벽해라는 말이 무색할 정도로 엄청난 성장을 이루었다. 반면 이런 물질적 풍요와 번영의 이면에는 해결해야 할 과제가 산적해 있다는 점에 누구도 이견이 없을 것이다. 그중에서도 시장생태계를 꾸려가는 생명체인 기업과 거기서 활약하는 인간, '노동하는 인간'에 대한 고정관념, 산업화 과정에서 유효했던 틀에서 벗어나 시대에 어울리는 깊이 있는 이해가 당면한 문제를 풀 수 있는 시작이라고 믿는다. 그런 까닭에 무엇보다 노동하는 인간에 대해 '자원인가? 원천인가?'라는 문제 제기에서 시작해, '존재론적 평등성'과 '기능적 불평등성'이라는 상호보완 개념으로 노동의 역설을 융합하고자 시도했다. 그런데 내가 제안하는 노동의 역설은 사실 인간 존중 경영의 근거이고 바탕이다. '인간 존중 경영'은 기업이 요구하는 인재 양성, 앞 장 말미에서 소개한 진정한 리더 양성의 핵심이며 조직에서 개개인의 잠재력이 최대한으로 발휘될 수 있도록 하는 운영 방식이기 때문이다.

미네소타대학에서 박사 학위를 받고 1988년부터 산호세의 캘리포니아 주립대학에서 3년 동안 교수로 재직했지만 당시만 해도 경제이론에 바탕을 둔 실증 연구에 몰두해 있느라 기업 자체에는 관심을 가질 일이 별로 없었다. 그러다가 1991년에 조지아 주립대학으로 옮겨 사례연구를 시작하게 되었다. 1980년대 독일과 일본의 제조업이 크게 성장함에 따라 그토록 견고했던 미국 기업들의 입지가 흔들리면서 대대적인 내부 혁신 등 미국의 여러 기업에서 일어나는 흥미로운 변화를 생생하게 관찰할 기회가 생긴 것이다. 쇄신을 위한 자체 노력, 무엇보다 품질을 혁신하고 생산자 중심의 틀을 벗고 고객들의 관점으로 사업 기획 전반을 재편하며, 기업 내부의 효율성 제고를 위한 대책으로 노사 파트너십을 크게 강화하는 등 진지하고 과감한 탈바꿈이 이어지고 있었다. 굉장히 신선한 충격이어서 이를 목격하면서 기업의 선진화 및 변화 가능성, 사회적 역할에 대해서도 깊이 생각하게 되었다. 당시 미국의 대표적 초우량 기업들의 노사관계 사례 연구를 통해 바람직한 한국적 노사관계 구도를 심도 있게 모색해보기도 했다. 이를 계기로 귀국 후에는 학교가 아닌 기업을 일터로 삼아 핵심 사안을 현장에서 구현하는 기회를 얻었던 셈이다.

동서고금을 통해서 '인간'에 대한 논의는 그치지 않았다. 특히 천부적 인권의 자각이라는 면에서 프랑스 시민혁명과 미국의 독립전쟁, 2차 세계대전 이후 유엔을 통해 선포된 인권 사상뿐 아니라 '인내천人乃天', 즉 '사람이 곧 하늘'이라는 19세기 말 한반도에서 이루어진 각성, 즉 동학에서도 인본주의를 기반으로 인간 평등과 사회 개혁을 주장했던 점을 꼽을 수 있다. 그런데 이보다 더 오래되고 익숙한 어른들 말씀 중에 "남의 눈에서 피눈물 나게 해선 안 된다"는 아주 단순하고 간명한 '인간 존중 경영'의 가르침이 있다. 이는 앞에서도 잠시 이야기한 성과주의 인사 원칙의 중요성을 강조하는 가운데 혹여 '원칙주의'라는 함정에 빠져서는 안 된다는 경종을 울리며, 인간의 삶과 조직의 역동성을 아우를 수 있는 유연성을 언제나 되새기게 하는 정말 소중한 가르침이다.

조직에서 개인들은 기계처럼 부림을 당하며 일만 하는 게 아니라 동시에 성장하고 발전한다. 상사와 회사가 자신의 장기적인 성장과 발전에 진심으로 관심을 가지고 있다고 느낄 때, 그 사람은 진정으로 배려받고 있다고 느낀다. 바로 이 느낌이 조직 내에서의 존재감인데, 자신의 일이 상사의 출세를 위한 수단으로만 여겨진다면 결코 진정한 존재감을 맛볼 수 없을 것이다. 예를 들어 '천재 한 명이 보통사람 십만 명을 먹여 살린다'는 조직과 '99,999명 모두 제 몫을 다한 덕에 한 명이 대표로 빛을 본다'는 조직 중의 어느 쪽에서 더욱 자신의 존재감을 확인받을 수 있겠는가? 아무리 엄격하고 지독하게 일을 시킨다 해도 그 일을 통해 상사의 개인적 출세가 아니라 공동의 성과를 내고 조직원 모두가 성장하고 발전할 것이라는 믿음만 확고하다면 부하들은 종종 투덜대기는 할지언정 자존감에 상처를 입지는 않는다. "나는 이 부서에서, 이 회사에서 정말 중요한 사람이다!"라는 바로 그 존재감에서 주인정신이 나온다. 내 일, 내 부서, 내 회사가 바로 내 것으로 여겨질 때라야 비로소 창의성과 자발성이 발현된다. 이렇게 배려에서 존재감으로, 존재감에서 주인정신으로, 주인정신에서 창의성의 발휘와 자율적인 업무 태도로 이어질 때 개인은 성장하고 기업은 튼튼하고 유연해진다.

그런데 여기서 다시 한 번 중요한 원칙은 앞에서 살펴본 기능적 불평등성에 기초한 공평성equity 관점에서의 성과주의 인사이다. 앞에도 언급한 '노동하는 인간'의 '생산과정에서의 투입요소'라는 측면을 고려할 때, 오른쪽의 도표에서 보듯이 자원의 효율적 투입

• 기업의 지속적인 성장(Sustainability)을 위한 기본은 효율성(Efficiency)의 확보

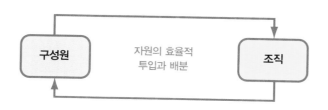

과 배분 원칙은 효율성이어야 한다. 일을 잘하는 사람에게는 상대적으로 더 많은 보상과 기회를 주는 게 '성과주의' 인사이다. 이 원칙이 지켜질 때라야만 조직 내부의 효율성이 담보되고 상향적인 역동성이 작동한다. 따라서 '인간 존중 경영'과 '성과주의 인사'는 절대로 서로 배치되는 것이 아니라 개인의 잠재력이 최대한으로 발휘될 수 있도록 하기 위한 동전의 양면 같은 필수 요소이다.

다시 강조하지만 노동의 역설은 인간 존중 경영의 기본 바탕이다. 다음 도표는 '노동하는 인간'을 바라보는 두 가지 관점, 즉 '생산과정의 요소'로서의 인간과 '존재'로서의 인간이라는 상호 모순된 한 쌍의 속성을 '노동의 역설'로 설명한 것이다. '인간 존중 경영'에서 개인은 자신의 능력을 스스로 끌어올릴 책임이 있고, 조직은 개발된 능력을 발휘할 수 있는 기회를 개인에게 만들어줄 책임이 있다. 능력개발의 극대화는 개인들의 몫이지 회사의 몫은 아니다. 대신에 회사가 할 일은, 부지런히 개발한 개인의 능력을 발휘

생산과정의 요소	"존재"로서의 인간
▼	▼
공평성 (기능적 불평등성)	평등성 (존재론적 평등성)
능력의 개발과 발휘 성과주의 인사	창의성과 자율성 배려 / 존재감 / 주인의식

할 수 있는 기회를 주는 것이다. 이는 조직 안에서 인간의 '존재론적 평등성equality'과 함께 반드시 확보되어야 할 '기능적 불평등성', 즉 공평성equity의 원리이다. 이렇듯 '인간 존중 경영'은 위에서 아래로 내려오는 일방적인 시혜가 아니라, 상호 작용을 통해서 조직과 그 구성원들이 함께 성장하고 번성해야 그 효과가 발휘되는 역동적인 소통의 양식이다.

한편, 인간 존중 경영의 원칙은 노사관계에 적용될 경우 더욱더 효과적일 수밖에 없다. 노사관계를 보면 교섭당사로서의 경영진과 노조 대표는 갈등과 긴장 속에서 한 치도 양보하지 않으려는 제로섬 게임이 되게 마련인데, 이런 상황을 상생의 게임으로 바꿀 수 있는 근거가 '인간 존중 경영'의 원칙과 '공동선의 구현' 노력이다. 상생이란 함께 공동선의 구현에 투신함으로써 실천될 수 있기 때문이다. 시장과 기업 편에서 여러 차례 강조했던 바와 같이, 이해관계자stakeholders 모두의 성장과 발전을 성실히 도모하는 기업이라야 시장생태계에서 지속가능하다. 따라서 경영진과 노동조합은 둘만의 이익이 아니라 여타의 이해관계자가 함께 발전하고 성장하는 길을 찾아야 한다. 이런 맥락에서 공동체적 노사관계를 추구할 때라야 장기적으로 함께 번영할 수 있다.

인간존중경영과 공동선의 구현은 구호만으로 이루어지는 것도 아니고, 저절로 이루어지도록 내버려두어서 될 일도 아니다. 이를 배우고 깨우치며 주체적 의지로 결단할 수 있는 교육이 선행되어야 한다. 그러나 오로지 단기적 성과 향상만을 목표로 하는 경영기법 교육 혹은 무조건 회사방침을 따르게 하는 주입식 정신교육은 더 이상 시대에 맞지 않는다. 기업교육에서 학습은 배움이고 깨우침이며 주체적인 의지를 품고 행동하는 결단에 이르는 과정이어야 하기 때문이며, 변화와 혁신을 일으키는 원동력이어야 하기 때문이다. 앞에서 살펴본 바와 같이 변화는 생명체의 본질적인 현상으로, 고정되고 굳은 것은 죽은 것과 다름없다. 끊임없이 변하는 환경에서 능동적으로 반응하며 탈바꿈을 도모해야 한다. 이를 통해 현실적인 성과로 이어지는 교육이 아니면 그건 다시 내용을 살펴 개선하고 수정해야 한다. 이 시대 기업교육은 254쪽 도표처럼 구체적 변화를 유도할 수 있어야 하기 때문이다.

모든 교육이 그러하지만 특히 기업교육의 경우 '가르치다teaching'보다는 '배우다learning' 쪽에 초점을 두고 행해야 한다. '교육하다'를 영어로 educate라 하는데, 이는 라틴어의 e-(밖으로)와 -ducare

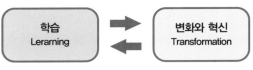

- 배움, 깨우침
- 주체적 의지
- 행동적 결단

- 생명체의 본질
- 창조적 적응
- 새로운 탄생

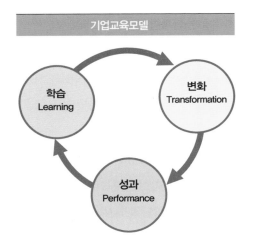

(끄집어내다)의 합성어라고 한다. 밖으로 끄집어낸다는 것은 이미 안에 무엇인가가 있다는 뜻이다. 즉 각자의 내면에 이미 깨달음의 씨앗이 살아 있음을 전제하는 것이다. 비어 있는 자리에 무엇을 집 어넣는 일이 아니라 이미 존재하는 가능성의 씨앗에 물과 햇빛이 '배어들게(배우게)' 하여 싹을 틔우고 꽃을 피워 열매를 맺도록 해 주는 것이 교육의 본질이다. 우리말로 '가르치다' 역시 그 어원은 그르(갈다, 말하다) + 치다(기르다, 봉양하다)에서 왔다 하니, 말을

통해 상대방의 마음 밭을 가는 일이라는 뜻이 아닌가 싶다.

교육효과의 지속성에 대해서는 학습의 반감기half-life of learning를 잊어선 안 될 것 같다. 자연상태에서 방사능 동위원소의 질량이 절반으로 감소하는 데 걸리는 시간을 반감기라고 하는데, 예컨대 악티늄은 0.018초이지만, 우라늄은 45억 년이다. 기업교육에서 당장 효과가 나는 실용적이고 기능적인 교육도 반드시 필요하다. 하지만 기술 발전의 속도에 비례하는 기능적 지식의 유효 기간은 아주 잠깐이지만, 근본 가치를 깨우치는 교육과 리더십 교육 등은 당장 효과가 나타나는 것 같지 않아도 그 반감기와 유효기간은 굉장히 길며, 기업의 지속가능성을 위해서는 반드시 확보해야 하는 필수적 요소인 것이다. 다가오는 시대의 기업교육은 이 모두를 함께 다루어야 한다.

대.한.민.국.

더 이상 갈 곳 없는 막다른 곳. 우리말에 '삼수갑산에 쫓겨 가더라도 기왕 마음먹은 거 일단 하고 보겠다'는 배짱 두둑한 표현이 있다. 삼수갑산은 조선왕조의 대역 죄인들을 쫓아 보내던 악명 높은 오지였다. 오늘날 대한민국이라는 이름의 유래가 된 나라, 열강들의 틈바구니에서 자주독립을 꿈꾸던 대한제국이 출범시킨 근대식 군대의 장교였던 나의 증조부께서는 1905년 을사늑약으로 군대가 해산되자 곧 개마고원 인근 첩첩산중. 삼수갑산으로 숨어들어 1907년에 부하들을 이끌고 항일무장운동을 펼친 정미의병 전설의 돌격대장, 날래고 용맹한 면모가 그대로 떠오르는 '청바우 어른'이셨다. 직접 뵌 적은 없으나 '함경남도 삼수군 금수면 억두리'라는 원적을 남겨주신 그 어른의 불굴의 정신은 유년 시절 내게 '사람 노릇'의 전형으로 각인되었다.

그 전설을 나는 그분의 며느리였던 내 할머니로부터 전해 들었다. 열 몇 살에 시집가서 갓 아들 하나 낳았는데 남편이 곧 세상을 뜨니 청바우 할아버지는 어린 며느리가 재가할 수 있게 친정으로 돌려보내고 애지중지 몸소 손자를 키우셨다 한다. 열여덟 살 무렵 조부모님이 동네 처녀와 혼인시킬 준비하는 걸 알게 된 내 부친께서는 "성공해서 돌아오겠습니다!"라는 혈서 한 장을 써놓고 밤에 가출을 하여 산 넘고 물 건너 서울까지 내려와서 아버지의 옛 친구분이 운영하는 종로5가 의원을 찾아가서 그 댁에 얹혀사시게 되었다. 낮에는 종일 병원일과 허드렛일을 돕고 밤에는 야간고등학교를 다니며 금의환향할 꿈을 키우셨다는데, 얼마 후 한국전쟁이 터져 다시금 삼수갑산에는 발 디딜 기회조차 영영 얻지 못하셨다. 대신 거제도 수용소에 와 계시다는 친모의 소식을 전해 듣고, 온 우주를 내게 다 주신 나의 할머니를 찾아내셨다. 가난한 사람이나 거지를 보면 그냥 지나치지 못하셨던 할머니는 무조건 나누고 아낌없이 베풀며 세상을 모두 거둬 먹일 것 같던 인정 넘치는 분이셨다. 서너 살 먹었을 무렵 나는 엿장수가 뭐든 가지고 나오면 엿을 준다고 외치며 쩔꺽쩔꺽 가위질 소리를 낼 때면 동네 꼬마들과 함께 수레를 뒤따르며 박자에 맞춰 춤을 추곤 했다. 그러던 어느 날

엿을 먹고 싶은 마음에 할머니가 깨끗이 닦아 놓으신 사기요강을 들고 나갔다. 그런데 그건 안 받는다는 고물장수 말에 화가 나서 그만 그 자리에 요강을 던져 깨버리고 말았다. 그러고는 난감해하던 나를 할머니는 "간나아 새끼!" 하며 엉덩이를 툭툭 두들기고는 어머니한테는 아무 소리도 안 하고, 후유! 넘어가셨다. 어린 시절 어떤 투정도 사춘기의 어떤 일탈도 그렇게 받아주시고, 등허리가 가렵다고 하면 여기저기 시원하게 긁어주셨다. 갈쿠리처럼 해졌으나 정말 따뜻했던 할머니 손의 온기. 세상 그 무엇과도 바꿀 수 없는 귀한 사람이 바로 나라는 걸 뼛속 깊이 새겨주신 할머니의 사랑이 이제는 할아비가 된 나를 통해 손주 녀석들에게도 그 온기와 함께 고스란히 전해질 수 있기를 빈다.

남쪽 어딘가 있을 아들을 찾겠다는 일념으로 홀로 길을 떠나셨던 할머니는 흥남 부두에 정박 중이던 수송선에 몸을 의지해서 내려오셨다는데, 공지영의 소설《높고 푸른 사다리》와 영화《국제시장》에 나오는 바로 그 메러디스 빅토리아 호를 얻어 타고 피난을 오셨던 것 같다. 확인할 길은 없지만 나는 그런 확신이 든다. 당시 그 배의 선장은 음식은커녕 마실 물도 화장실도 없는 화물선에 부둣가에 떨고 있던 14,000명의 피난민들을 모두 태우고 단 한 명의 희생자도 없이, 심지어 다섯 명의 아기가 탄생하는 '생명의 항해'를 무사히 마쳤다고 한다. 한국전쟁의 포성이 한창이던 1950년 12월 크리스마스를 전후한 사흘간의 일이었다. 이런 기적과도 같은 일을 마친 레너드 라루 선장은 1954년에 가톨릭 수도회에 입회해

마리너스 수사로 평생을 사셨다는데, 만나 뵌 적은 없으나 그분은 내게도 은혜를 다 갚을 수 없을 만큼 고마운 인연이었음에 틀림없다.

나의 외증조부께서는 일제강점기 한양에서 평안도 산골로 거처를 옮겨 훈장 노릇을 하셨다는데, 그분 조 학자 댁이 가까워지면 일본 순사도 5리 밖에서 말을 내려 걸어가고 5리를 더 간 후에야 말에 올라타고 갈 만큼 학문과 인품이 고매한 분이셨다고 한다. 외할머니의 목격에 따르면, 밤이 되면 두런두런 사람들 소리가 들리다가 새벽이면 사라지곤 했는데, 이는 조선의 선비로 취하셨던 올곧은 처신에 대한 기억으로 내게 전달되었다. 사사로운 위험을 마다하지 않고 독립운동 자금을 전하는 역할을 하기 위해 만주로 가는 길목에 터를 잡아 사신 거였다. 이 이야기 또한 내게는 유년기 시절부터 존경과 경외 그리고 어떤 시련에서도 나를 지켜올 수 있었던 자긍심의 원천이었다.

한반도가 식민지가 되면서 이렇듯 나의 직계 선조들 모두 고향을 잃고, 더욱이 냉전의 희생이 되어 생활 또한 근근이 이어가는 처지가 되었음에도 그분들은 변함없이 내게 '사람 노릇'의 중요성을 일깨워 주시곤 했다. 고만고만한 아이 넷을 데리고 월남해 안 해본 일 없을 만큼 고생하면서 하루하루 생계를 꾸려가는 딱한 상황에서도 조선시대 명문가 윤 대감 댁 외손녀였던 외할머니는 김구 선생의 장례식에는 사흘 꼬박 밤낮으로 서러운 곁을 지키며 '사람 노릇'을 해야 직성이 풀리는 그런 결기 있는 여성이셨다. 고향을 떠나서 아이 넷을 홀몸으로 키워야 하는 막막한 처지였으니 그녀는 시시때때 '기능적 불평등성'을 감내할 수밖에 없었을 것이다. 그런 처지였음에도 이 나라 안위를 함께 걱정했던 '존재론적 평등성'에 대한 확신은 정녕 아무리 누추한 형편에서도 당시 그녀를 지켜낸 힘이기도 했던 것 같다.

누가 알려주지 않아도 스스로 깨닫는 '존재에 대한 확신'은, 기능적 불평등성을 이유로 자신을 특별히 높이지도 공연히 비하시키지도 않는 것 같다. 존재만으로도 자기 역할을 빛나게 하는 명배우처럼 오히려 위기의 상황에서 극적으로 반전을 일으키며 새로운 주인공이 되기도 한다. 절대 포기할 수 없는 어떤 고결한 가치가 있다는 우주적 믿음 하나가 아마도 이 나라를 숱한 시련에서 꿋꿋이 지켜준 원리였다는 생각이 든다. 힘없는 백성들이 구해온 나라, 용맹하고 의로운 양반과 상민이 함께 일어나 의병이 되어 지켜온 애처롭고 거룩한 나라. 그런 역설이 바로 우리의 역사였다. 수천 년 전 '재세이화 홍익인간在世理化 弘益人間', '세상에 나아가 사람들을 널리 이롭게 하라'는 이 나라를 세우신 큰 뜻이 대대손손 이어진 덕에, 이웃한 거대 세력들과의 마찰을 끈질기게 견디며 세계사에 유례가 드물 만큼의 오랜 왕조들이 지속되었고, 제국주의 광풍에 이어 냉전이라는 극단적 상황의 온갖 참혹하고 곤고한 희생을 감당하면서도 오늘날 믿기 어려운 수준의 경제 번영을 이룰 수 있었다고 나는 믿는다.

질풍노도의 청년기를 보내다 혼비백산의 상태로 미국에 건너가 경영학, 그중에서도 기업의 인사관리와 노사관계 연구라는 학문의 길에 들어선 목적 또한 따지고 보면 사람 노릇 제대로 하는 법을 배우기 위해서였다. 나 혼자가 아니라 우리가 함께 사람 노릇 할 수 있는 마음자세와 생활 조건, 제도적 기반 등 그 모든 것이 내가 유년기부터 자연스레 배우고 익혔던 '사람 노릇'의 단순한 진리를 복잡한 사회 구조에서 어떻게 조직적으로 실현할 수 있는지에 대한 탐구였고, 20년간 몸담은 기업에서의 실천을 통해 더 포괄적 안목을 얻어낸 셈이다. 식민지로 전락한 수많은 나라 중 대한민국은 가장 극적으로 온갖 참상을 극복하고 경제대국으로 성장한 기록을 갖고 있다. 어쩌면 그래서 우리가 당면한 숱한 모순과 갈등, 온갖 역설적 상황이 더욱 심각한 것일지도 모른다. 그러나 한편 첨예한 모순과 갈등은 어쩌면 그만큼 새로운 시대의 여명이 가까이 오고 있다는 희망의 징조일 수도 있다.

필자는 이 책에서 시장과 시장생태계 속에서 생존하고 번성하려는 기업의 다양한 모습들과 그 속에서 일하는 사람들에 관하여 동서양의 전통 중에 얻을 수 있는 역설의 지혜를 독자들과 나누고자 했다. 여러 가지로 부족하고 어설픈 점이 많은 책이지만, 부디 이 작은 노력을 통해 새 시대를 갈망하는 많은 이들에게 희망의 메시지가 전달되기를 염원한다.

나오며

미국에서 15년간을 대학원생으로서 또 교수로서 생활하면서 종종 두 가지 생각을 했었다. 하나는 미국의 국제정치적 입장에서 볼 때 대한민국, 'Korea'라는 나라는 참으로 미약한 존재로 그들의 이익을 위해서라면 얼마든지 함부로 할 수 있는 상대로 여겨진다는 사실이었다. 몹시 자존심 상하는 일이었다. 그래서 '미국의 출입국 과정에서 이민국 직원들로부터 적어도 영국이나 프랑스 사람들이 받는 정도의 대접은 받고 싶다!'는 마음을 품게 되었다. 세계무대에서 당당하게 인정받고, 상응하는 대접을 받고 싶다는 숙원이었다.

또 하나는 '어떻게 해야 그렇게 될 수 있을까?'였고, 나름의 결론은 우리 경제가 질적으로, 양적으로 발전해야겠다는 것이었다.

특히 1991년에 조지아 주립대학에서 미국의 혁신 기업들의 사례 연구를 시작하면서, 한국 기업들도 하루빨리 세계 선진기업 수준의 실력을 갖춰야겠다고 생각했다. 그러던 차에 LG에서 일할 기회가 주어졌고 한동안의 고심 끝에 기업에 투신하게 되었다. 그런데 1995년 1월 귀국 후 3년이 채 되지 않아 외환위기가 닥쳤다. 회사의 생존을 위한 재무구조 조정, 사업구조 조정의 과정에서 사업매각과 인력감축을 피해 갈 수 없었다. 그 과정에서 많은 직원들이 "인간 존중 경영을 한다면서 사람을 내보내느냐?"며 거세게 반발하는 상황에 맞닥뜨리게 되었다. 고민에 빠질 수밖에 없었다. 이게 대체 뭔가? 진정한 '인간 존중 경영'이란 게 정말 뭘까? 하는 번민이 이어졌다. 학자로서의 길을 접고 나름으로는 과감히 남들이 가지 않는 길을 택한 것이고, 실제로 기업경영에 참여하며 정말 의미 있고 보람 있는 일을 하고 싶었는데 곧 암초에 부딪힌 것이다. 경영이념의 실천 문제를 해결하지 않고는 기업에 남아 일한다는 사실 자체가 모순이었다. 이런 모순을 해결하고 누구보다 나 스스로를 납득시킬 수 있는 설명이 바로 '생태론적/역설적 접근법'이었다.

한편 회사에서 일하는 임직원들을 보면서 소위 재벌회사에 다닌다는 것에 대한 양면적 정서를 갖고 있는 것을 알게 되었다. 상대적으로 좋은 처우를 누리며 일한다는 만족감 이면에 뭔가 떳떳해하지 못하는 모습을 보았다. 나를 포함해 회사에 다니는 사람들이 자신의 일과 직장, 자기 자신에 대한 자부심과 사명감, 보람과 뿌듯함을 느끼면서 일할 수 있는 근거와 가치를 찾고 싶었다. '아무리 목구멍이 포도청이라 해도 거기서 그치는 게 아니라 그것을 넘어 좀 더 높은 이상과 목적성을 가지고, 살아 있는 눈빛으로 일할 수 있는 그런 회사는 대체 어떻게 가능할까?'라는 게 고민의 시작이었다. 피곤해서 아주 녹초가 된 채 시키는 일만 죽어라 하는 일상에서 어떻게 창의성이며 자발성이 발현될 수 있겠는가?

앞에서 인류의 역사를 파악하는 여러 관점 중의 하나로, 노동하는 인간이 주로 어떤 일을 하는지에 따라 수렵과 채집의 시대에서 농경시대, 산업시대와 정보화시대를 거쳐 이른바 '의식의 시대'로 진입하고 있다는 피터 러셀의 견해를 소개한 바 있다. 사회와 문화 전반에서 탈산업화가 진행되는 이른바 포스트모던의 시대, 그 가장 큰 특징으로 나는 무엇보다 우리 개인의 사유와 삶의 방식이 크게 달라진다는 사실에 주목하여 러셀이 말한 '의식의 시대Conscious-ness Age'를 '각성의 시대'로 해석해보았다. 특히 젊은이들 사이에서는 여성과 남성이라는 전통적이고 획일화된 구분도 약화되고 이전과 비할 수 없을 정도로 개인이 저마다 자기 삶의 주인이 되고자 하는 추세가 두드러진다. 과거에 비해 훨씬 적극적으로 자기 삶의 의미를 탐색하며, 자신의 존재가치를 확인하고자 하는 욕구가 예전과는 비할 수 없을 정도로 강화된 것이다. 스스로 의미를 발견할 수 없는 상황에서는 누구도 더 이상 무조건 헌신하거나 희생하지 않는 시대가 되었다. 너도나도 리더를 꿈꾸는 시대, 이들을 진정한 리더로 만들어줄 대책이 필요하다. 그를 위해 먼저 나 스스로가 리더가 되어야 한다. 앞에서 설명한 바와 같이 내가 도구가 되어, 그들을 리더로 만들어주는 것이다.

미국 작가 윌리엄 아서 워드William Arthur Ward, 1921~1994는 "평범한 교사는 말을 하고, 좋은 교사는 설명을 하며, 우수한 교사는 시범을 보이고, 위대한 스승은 영감을 준다"고 말했다. 이 말이 사실이라면, 영감을 준 위대한 스승을 이번 생에서만도 여러 분 만난나는 더할 수 없는 행운아이다. 이번 삶을 통해 내가 만약 기대 이상의 성장을 이룬 점이 있다면, 그건 모두 고마운 벗이며 스승이신 그분들의 공이다. 배움의 즐거움을 맛보게 해주었던 김형효 교수, 알 수 없는 세계로 나를 힘껏 떠밀어낸 김병주 교수, 시대의 질곡으로부터 그렇게 쫓겨 온 나를 따뜻하게 품어준 힐즈 교수, 배움의 미로 곳곳으로 안내하며 꼼꼼하고 튼튼하게 나를 키워주신 파쑴 교수, 그리고 박사논문 심사위원장으로 최종 통과 때까지 지도에 노고를 아끼지 않은 인구경제학자 얼버그Dennis Ahlburg 교수, 모두 참으로 고마운 스승들이셨다.

1995년 귀국 후, 기업에서 20년을 임원으로 일하는 동안 여러 해에 걸쳐 함께 프로젝트를 수행한 이들 중에도 내 배움의 여정을 함께하며 지적 도반이 되어준 세 사람을 꼽을 수 있다. 철학과 인문학에 근거해 비전과 현실, 도덕과 용기를 '리더십 다이아몬드' 양식이라 표현하는 코스텐바움Peter Koestenbaum 박사는 무엇보다 자유의지의 중요성을 깨우쳐주었고, 목적성에 기반한 기업혁신 전략과 지속가능한 성장이라는 명료한 비전을 갖고 있던 런던 비즈니스스쿨London Business School의 고故 수만트라 고샬Sumantra Ghoshal 교수, 또 캐나다 맥길McGill대학의 민츠버그Henry Mintzberg 교수는 경영전략에 대한 새로운 접근법과 경영교육에 관한 인식의 새 지평을 열어주었다.

"우리가 한두 해 장사하고 말깁니까?" 그리고 "사람이 한두 번 속지, 계속 속습니까? 제대로 합시다!"라며 '지속가능한 성장'과 '정도正道 경영'의 본질을 진솔하고 명쾌하게 새겨주신 구본무 회장님, 또 기업경영에 있어서 "무엇을 하는가에 못지않게 무엇을 하지 않을 것인가가 중요해!"라며 늘 깨어 생각하고 때를 기다리다 결정적인 순간에 전광석화처럼 움직여 문제를 근본적으로 해결해버리는 강유식 부회장은 20년의 일터를 아무리 힘들어도 늘 배우고 깨우치는 고맙고 즐거운 곳으로 만들어준, 경영학에서 많이 회자되는 여러 덕목이 체화된 진정한 리더들이셨다. 강유식 부회장의 직장 생활 모토 중 하나는 '후배로부터 인정받고 선배로부터 존경받기'이다. 보통 하는 얘기의 반대인 이 지침은 나 자신의 20년간의 회사생활에도 중요한 가이드라인이 되어주었다. 조지아 주립대에서 학생들을 가르치던 내게 LG에 와서 같이 일하자고 공식적으로 초대해주신 분은 LG인화원의 초대 원장인 김용선 사장이었는데, 사물을 뒤집어보고 그 이면의 의미를 찾아내는 탁월하고 비판적인 사고의 힘을 가진 아주 특별한 분이었다.

이 책을 쓰게 된 직접적 계기는 지난 2012년 10월 미니애폴리스Minneapolis에 있는 미네소타대학 칼슨 경영대학Carlson School of

Management에서 행해진 '탁월한 리더상Distinguished Leadership Award' 수상식이었다. 1982년 박사과정에 입학 후 꼭 30년 만에 그동안의 나의 학문과 20년 가까운 기업현장에서의 성취를 인정받는 그야말로 감격스러운 자리였다. 모교인 미네소타대학University of Minnesota에서 1년 가까이 진행된 심사 작업 끝에 수상자로 선정되었다는 뜻밖의 통보를 받고, 상을 받으러 간 그곳에 노구를 이끌고 축하하러 와주신 오하이오 주립대학 나의 석사과정 지도교수 힐즈 박사는 수상식 후에 열린 축하연에서 이렇게 말해주었다.

"자네의 참으로 탁월한 점은 지난 30년간 자네의 이상을 실현하기 위해 포기하지 않고 현실에서 부단히 노력해왔다는 걸세. 그리고 지금까지도 세상과 인생에 대해 냉소적이지 않다는 점이야!"

이 말씀에 가슴이 뭉클하고 순간 눈시울이 뜨거워졌다. 스승으로부터 이토록 아낌없는 칭찬과 격려를 받는 제자가 과연 얼마나 있을까? 나는 정말 운이 좋은 사람이다. 그러면서 지난 30년 동안 대학과 기업에서 나 나름으로 생각하고 실천한 바를 글로 정리해 다른 사람들과 나누고 싶다는 생각을 하게 되었던 것이다. 내가 뭔가 잘할 수 있는 게 있다면, 그건 아마도 시시때때로 넘어지고 다치고 실망하고 좌절감에 빠지면서도 정말 끈질기게 끝까지 최선을 다하는 것이다. 이 힘은 어디서 오는 것인가? 그건 지난 60년, 아니 어쩌면 그 이전 세월부터 내가 맺었던 수많은 인연, 부모님과 자식들, 스승과 제자, 상사와 동료와 부하, 그리고 친구들, 그들로부터 받은 힘이었고 그들과 만든 어떤 에너지였다. 아직 이루지 못한 일들 역시 그들의 도움으로 이전보다도 더 기꺼이 한결 가뿐하고 훨씬 넉넉하게 해낼 수 있을 것 같다. 감사할 따름이다.

이 책의 내용은 대개 지난 30년간 내가 생각하고, 공부하고, 실천하고, 또 지난 7년 동안 국내외 LG의 각 회사 및 인화원에서 강의했던 내용들에 바탕하고 있다. 이들을 책으로 엮을 수 있도록 인화원 형경화 부장과 그 동료들이 자료를 잘 정리해주었다. 그리고 실제로 원고를 작성하는 과정에서 서울예술대학교 김재희 교수의 정성과 노력이 큰 힘이 되었다. 그동안 내가 활용했던 자료들을 꼼꼼히 살펴보고 특히 독자의 입장에서 내 이야기를 경청하며 수없이 많은 대화를 나누는 가운데 다양한 질문을 던지며 다시 생각을 가다듬게 해주었다. 무엇보다 생태론의 관점으로 사유를 전개하는 데 유익한 연구결과들을 참조할 수 있도록 지원하고, 한국을 비롯해 동아시아적인 사유 및 전통과 관련한 자료들을 찾아 내용을 풍성하게 채워가며 초고의 완성 작업을 도와주었다. 분주한 생각의 단편들과 나의 이야기를 독자들에게 전하는 목소리로 바꾸어준 김재희 교수에게 깊은 감사와 경의를 표한다.

참고문헌

《고려사》, 국사편찬위원회 http://db.history.go.kr/KOREA/

《조선왕조실록》, 국사편찬위원회 http://sillok.history.go.kr/main/main.jsp

김광수, 〈현대 과학철학 및 경제철학의 흐름과 스미스의 과학방법론에 관한 연구〉,
    《경제학연구》 62권, 133~170쪽, 2014.

김상조, 《종횡무진 한국경제: 재벌과 모피아의 함정에서 탈출하라》, 오마이북, 2012.

김용만, 《고구려의 그 많던 수레는 다 어디로 갔을까》, 바다출판사, 2000.

노자, 《도덕경》, 현암사, 1995.

대니얼 골먼, 《EQ 감성지능》, 웅진, 2008.

린 마굴리스, 《생명이란 무엇인가》, 지호, 1999.

_____, 《공생자 행성》, 사이언스북스, 2007.

맹자, 《맹자(孟子)》, 홍익출판사, 2005.

바이시(白奚), 《직하학 연구: 중국 고대의 사상적 자유와 백가쟁명》, 소나무, 2013.

박선미, 《고조선과 동북아의 고대 화폐》, 학연문화사, 2009.

박성훈, 《훈몽자회 주해》, 태학사, 2013.

박은숙, 《시장의 역사》, 역사비평사, 2008.

박제가, 《북학의》, 서해문집, 2003.

베르너 하이젠베르크, 《부분과 전체》, 지식산업사, 1985.

서긍(徐兢) 저, 《고려도경》, 조동원 외 역, 황소자리, 2005.

서유구, 《임원경제지》, 보경문화사, 1983.

쇼펜하우어, 《의지와 표상으로서의 세계》, 을유문화사, 2009.

스티븐 제이 굴드, 《풀하우스》, 사이언스북스, 2002.

아담 스미스, 《국부론》, 김수행 역, 비봉출판사, 2007.

_____,《도덕감정론》, 비봉출판사, 2009.

안미정, 〈해안 마을 여성의 공동 어로와 자원에 대한 권리〉,《지방사와 지방문화 10》, 2007.

엘리너 오스트롬,《공유의 비극을 넘어》, 랜덤하우스, 2010.

요한 호이징가,《호모 루덴스》, 까치, 1998.

이병남,《경쟁력과 임금체계의 국제비교 연구》, 한국노동연구원, 1994.

_____,《대전환 노사파트너십》, 명진출판, 1995.

이이,《석담일기(1575)》, 솔출판사, 1998.

일연,《삼국유사》, 한길사, 2006.

장하성,《한국 자본주의: 경제민주화를 넘어 정의로운 경제로》, 헤이북스, 2014.

정약용,《목민심서》, 솔출판사, 1998.

제러미 리프킨,《한계비용제로사회》, 민음사, 2014.

조창록, 〈일본 오사카 중지도 도서관본 -《임원경제지》의 인(引)과 예언(例言)〉,《한국 실학연구》 10권, 353~387쪽, 2005.

최정규,《이타적 인간의 출현》, 뿌리와 이파리, 2009.

캐롤린 머천트,《자연의 죽음: 여성과 생태학, 그리고 과학 혁명》, 미토, 2005.

테야르 드 샤르댕,《인간현상》, 한길사, 1997.

프란치스코,《교황 프란치스코, 가슴속에서 우러나온 말들》, 성염 역, 소담, 2014.

_____,《복음의 기쁨》, 한국천주교주교회의, 2014.

프란시스코 J. 바렐라, 움베르또 마뚜라나,《앎의 나무》, 갈무리, 2007.

_____,《윤리적 노하우》, 갈무리, 2009.

프리초프 카프라 외,《그리스도교의 아주 큰 전환》, 대화문화아카데미, 2014.

피터 드러커,《경영의 실제》, 한국경제신문, 2006.

한국개발연구원, 〈'반기업정서' 실체 파악을 위한 조사연구〉, 2007. 5. 30.

한미라, 〈조선 후기 가좌동 금송계의 운영과 기능〉,《역사민속학 35》, 2011.

한병철,《피로사회》, 문학과지성사, 2012.

홍만선,《산림경제》, 민족문화추진위원회, 1983.

Coase, Ronald H. "Industrial Organization: A Proposal for Research." in V. Fuchs (ed.), *Economic Research: Retrospect and Prospect*, Volume 3: Policy Issues and Research Opportunities in Industrial Organization. Cambridge, MA:NBER, 1972.

Darnton, Robert, *The Business of Enlightenment: Publishing History of the Encyclopedia* Harvard Univ. Press, 1987.

Koestenbaum, Peter, *Leadership: The Inner Side of Greatness, A Philosophy for Leaders*, Jossey-Bass; 2 edition, 2002.

Lane, Nick *Power, Sex, Suicide*, Oxford University Press, 2006.

Lee, Michael Byungnam and Johnson, Nancy Brown. (1998). "Business Environment, High Involvement Management and Firm Performance in Korea." *Advances in Industrial and Labor Relations*. Vol. 8. JAI Press.

Lee, Michael Byungnam and Ree, Yinsog. (1996). "Bonuses, Unions, and Labor Productivity in South Korea." *Journal of Labor Research*. Vol. 17, No. 2 (Spring), pp.219-238.

Lee, Michael Byungnam, Scarpello, Vida, and Rockwoce, B. Wayne. (1995). "Empirical Study of the Effect for Business Strategy and Compensation System on Firm Performance." *International Journal of Human Resource Management*. Vol. 6, No.3 (September), pp.686-701.

Lewis, Marianne W. Constantine Andriopoulos. Wendy K. Smith. "Paradoxical Leadership to Enable Strategic Agility". *California Management Review*. pp. 58~77, Spring 2014.

Li, Jie Jack *Triumph of the Heart: The Story of Statins*, Oxford Univ. Press. 2009.

Mackey, John · Sisodia, Raj *Conscious Capitalism*, Harvard Business Review Press, 2013.

Russell, Peter, *The Global Brain: The Awakening Earth in a New Century*, Rudolf Steiner Pr., 2008.

Scheller, Max, *Die Stellung des Menschen im Kosmos*, Bouvier Verlag, 1928.

Simon, Herbert A. "Organizations and Markets." *Journal of Economic Perspective*, Vol.5(2):25-44. 1991.

Sisodia, Raj *Firms of Endearment: How World-Class Companies Profit from Passion and Purpose*, Pearson FT Press, 2007; 2nd edition, 2014.

Smith, Adam *The History of Astronomy*, in : Essays on Philosophical Subjects (Glasgow Edition of the Works and Correspondence of Adam Smith), Liberty Fund, 1982.

Smith, Vernon L. Prize Lecture: "Constructivist and Ecological Rationality in Economics." Nobelprize.org. *Nobel Media* Web. 9 Nov 2014.

von Bertalanffy, Ludwig, *General Systems Theory*, Penguin University Books, 1969.

Williamson, Oliver E. *The Economic Institutions of Capitalism: Firms, Markets, and Relational Contracting*. The Free Press, 1985.

이병남

LG인화원 원장. 사장. 경기고등학교를 졸업하고, 서강대학교에서 경제학을 전공하였다. 오하이오주립대학에서 노동 · 인적자원학 석사, 미네소타대학에서 노사관계학 박사(단체교섭, 보상경영 전공) 학위를 취득하였다.

1977년 대우실업에 입사하여 국내외 경제 분석과 국제입찰 업무를 담당하였다. 이후 서강대학교 산업문제연구소에서 '현장 연구원 및 통역관'으로서 한국 내 노동 및 노사관계 현황 파악을 위한 독일노동조합총연맹(DGB)과의 공동 프로젝트에 참여하였다.

1988년 캘리포니아주립대에서 조교수로 인적자원경영, 보상경영의 대학원 및 학부 과정을 강의하였다. 이후 미네소타대학 경영대학 초빙교수, 조지아주립대 조교수로 교편을 잡고 있다가, 1995년 LG인화원에 몸담으며 LG그룹의 공통 교육부문을 기획 · 실행하는 프로젝트를 시작으로, GE, Motorola, EDS 등과 제휴하여 글로벌 CEO 컨퍼런스를 운영하였다. 런던비즈니스스쿨과 함께 혁신적 임원교육 과정인 글로벌 비즈니스 컨소시엄 공동 운영, 맥길(McGill), 인시아드(INSEAD)대학 등이 협동 운영하는 국제 경영석사과정(IMPM) 프로그램에 미래사업 리더 후보자 파견, 경영 철학자 피터 코스텐바움(Peter Koestenbaum)과의 토론과 성찰을 바탕으로 한 최고경영자 리더십 과정 개발 등을 담당했다. 2000년부터 2007년 기간 동안 LG그룹 인사팀장으로서 임원 인사, 보상제도, 노사 파트너십 프로그램을 개발하고 운영하였고, 2008년 이후 현재까지 LG인화원장으로서 사업 현장과의 연계성과 인사제도와의 정합성에 기반한 기업교육 모델을 개발 · 운영해오고 있다. 교육부 장관 자문관, 중앙노동위원회 사용자위원, 한국경영학회 부회장, 미국교육기업협회(ASTD) 이사 등을 역임하였으며 현재 한국경영교육인증원 이사를 맡고 있다.

저서로《경쟁력과 임금체계의 국제비교 연구》(1994),《대전환 노사파트너십》(1995) 등이 있으며, 논문으로 〈미국 노동법 개혁추진의 현황과 한국 노동정책에 주는 시사점〉(1994), 〈미국기업의 조직혁신 현장 연구-참여경영과 다운사이징의 딜레마〉(1995, 공저)와 영어 논문(저자명: Lee, Michael Byungnam)으로 "Business Environment, High Involvement Management and Firm Performance in Korea." (1998) "Bonuses, Unions, and Labor Productivity in South Korea." (1996) "Empirical Study of the Effect for Business Strategy and Compensation System on Firm Performance." (1995) 외 다수가 있다.

1999년 한국능률협회가 수여하는 '한국 인재경영대상 특별공로상', 2012년 미네소타 대학이 수여하는 '탁월한 리더상(Distinguished Leadership Award for Internationals)' 을 수상했다.

이 책은 경영 이론가이자 현장의 실천자인 저자가 발견한 현대 경영학에 대한 이해와 생각을 성찰한 것으로 시장과 기업, 인간이라는 세 영역에 대한 새로운 관점과 해법을 제안하고 있다. 생태계와 자본주의의 위기를 맞고 있는 인류 문명이 지속가능한 미래를 마련할 수 있도록 시장과 기업의 시대적 소명을 이해하고 겸허하게 준비할 수 있는 사유의 씨앗들을 담고 있다. 저자는 말한다. "인간이 모든 문제의 근원이지만 이를 풀어낼 해법 역시 '인간'에게서 비롯하므로 경영 또한 인간, 지혜롭고 성숙한 인간에게서 그 최종적 답이 나온다"라고. 그래서 경영은 사람이다.